JN008568

商業施設士が見た

東日本大震災

——現場から、未来へ

飯塚康司

IIZUKA YASUSHI

幻冬舎MC

商業施設士が見た東日本大震災

― 現場から、未来へ

はじめに

　私は、商業施設士という仕事をしている。

　商業施設士とは簡単にいうと、百貨店やショッピングセンター、レクリエーション施設、美術館、展示施設など様々な商業施設の企画、設計、デザイン、または施工などに関わる仕事である。

　2011年3月11日、未曽有の大災害として日本を襲った東日本大震災。この予期せぬ災害がもたらした被害は、津波による倒壊も合わせて全半壊数が401,306戸と公式発表されている（内閣府HP2012年1月12日時点）。たくさんの商業施設が被害に遭う中、商業施設士としてじっとしているわけにはいかず、私は震災翌日から被災地の被災店舗に足を運んだ。復旧の仕事をしながら毎週日曜日に朝市に通い子供服の支援物資を届ける。そんな中、生活圏内でもあるゆりあげ港朝市と宮城県北部の復興市に足を延ばし「市」の記録を取った。「市」とは、定期的に人が集まり物の売買や物々交換などを行う場で、商業活動で昔から採用されているスタイルである。私はその様子を記録した。

　また、復旧作業をする中で、ニュースで流れてくる埋め立て事業の規模や街づくりプランの内容に違和感を覚えた。ハード事業が先行していて、その規模は市民のアンケート調査から見える商業立地や生活圏規模と大きな隔たりがあるように感じたのである。この事業はすべて国民の税金で行われる。

　そこで私は、八戸市から北茨城市まで足を運んだ。埋め立て事業が進み始めたころのことだ。それぞれの地域に固有の地形がありその中で人々は歴史をはぐくんできた。にも拘らず、行政の、「波に呑まれた地域をまずは

埋め立てよう」「とにかく広く埋め立てておこう」という姿が見え隠れしていた。私は、このままではいけない、意見を述べるにもまずは現状をきちんと把握しなければならないと感じ、震災から3年後、商業施設の仕事に関わる仲間に声を掛け、現地へ視察に入った。視察は3回にわたった。第1回視察は2014年11月に岩手県南部から宮城県閖上地区まで。第2回は2015年10月に宮城県南部から主に福島県を中心に。第3回は2019年10月に第1回と同じコースを辿り、「8年目の検証」と称して復興の進みを視察した。

　今回の震災で各被災地は、地震災害、津波災害、原発災害と、全く性格の違う災害を経験した。したがって、復興はそれぞれに違う条件を抱え、思うように進まぬ状態である。12年経った今でも、原発被災地の商業施設は全く先が見えない。

　そんな状況に対し、私は商業施設士として何ができるのか。

　そう考えた時、「現場を体験した者として、現地で聞いた生の声を伝えたい」という強い思いが湧き上がってきた。震災当日から今日まで、自らが体験した事柄、商業施設の現状と役割、そして提起をここに記すこととする。

contents

chapter 1

東日本大震災

地震当日

　地鳴りが不安な気配を掻き立て、揺れが始まった。来たか？　来た！　大きな揺れが始まった。天井の吊りエアコンは切れんばかりに暴れている。いつもと違うその揺れは建物の崩壊を想像させた。「外へ出ろ！　ドア開けろ！」と叫び、2階から1階外へと逃げる。スタッフの顔色が変わった。立っていられない体を手すりに沿わせて下まで降り、靴を履き、割れんばかりのガラス扉を開け外へ出た。地面に座り込んで空を見上げる。電柱はお互い電線で支えられながら大きく揺れていた。「止まってくれ、止まってくれ」と言葉にならない声で叫んでいた。

　揺れがおさまったかなと思えたわずか数秒間、周囲を見回す。近隣の人たちが地面に座っていた。お互い顔を見合うだけだった。揺れが少し長い？　まだおさまらないかと思っているとまた次の揺れが来た。「ええっ」と言葉にならない唸りが漏れる。今度はさらに大きい。平坦な地面を転げ落ちそうな揺れが続いた。地面が沈むのではないかと思った。映画『日本沈没』のシーンが脳内を駆け回った。2度の大揺れが3分間続いた。地べたにへばりつき「止まれ、止まれ！」と声にして叫んでいた。それは、5分も10分も続いたように感じたが、実際は3分弱の出来事である。震度6強の地震であった。仙台管区気象台はその後、震度4以上の揺れが約170秒続いたと報じている。揺れはおさまり始めたが、しばらくは何も考えられない時間が続いた。

　3年前からの警告、「今後30年以内に宮城県沖地震が起きる確率は99％」。それは2011年3月11日14時46分に起きた。思考できない頭が体も停止させる。異様な体の

震えを感じながら徐々に思考力が戻り、家族に携帯で電話を掛けた。しかし、電話もメールも繋がらない。停電。携帯ラジオもない。携帯電話のワンセグが状況を伝える。津波の情報が不気味に続いていた。名取川一級河川の警報サイレンが鳴り続ける。数機のヘリコプターが空を飛び交う。地震発生から1時間過ぎている。おかしい、波は過ぎたはず。津波情報がさらに、さらに増幅する。車のナビTVを見る。仙台空港が波に呑まれている映像（第2波）を映し出す画面に目を疑った。ものすごい速さで多数の自動車や飛行機が津波で流されている。リポーターは、「どうなるかわかりません。もうだめです。だめです」と叫んでいた。この時初めて避難しようと判断した。500m先にある3階建てのビルに走る。車で避難する者もいる。状況を把握できない私たちは、右往左往している。その時、全国でその様子が生放送されていた。

　不安を掻き立てる名取川一級河川の警報サイレンは止まることなく鳴り続けている。状況を確認したい衝動にかられ危険を承知でさらに500m先の名取川の様子を見に行った。その光景に、足がすくんだ。黒い、黒い濁流が、河口へ向かって流木を抱き込みながら暴れていた。しぶきが顔を濡らす。普段50m足らずの幅で流れている川は堤防500m幅を目いっぱいであった。あと数mで堤防を越える濁流である。名取大橋は河口から7km内陸。津波第2波は川を上り内陸20km先の秋保地区でも確認されている。今見ている濁流はいったん上流に上りきった津波が河口に向かい流れているのだとわかり、超大なエネルギーを感じた瞬間、橋の上で座り込んでしまった。

　津波浸水は自分たちのいるすぐ近く、内陸4.5kmまで到達していた。向かいの弁当屋さんは散乱する厨房の中で炊き出しを始めた。私たちは一人1個ずつおにぎりを

もらい事務所内にいったん戻った。室内は資料棚が倒れ物は重なり、床が見えない状態だった。

安否確認

　子供のいるスタッフを早々に帰した。現場に出ていたスタッフは連絡が取れない。一緒にいたＳ君と周囲の状況を把握することに努め、その後は彼も早めに帰宅させた。自分は事前に準備していた家族やスタッフの緊急連絡先メモをもとに安否確認を始めた。地震後まもなく娘の勤務先の会社と連絡が取れ、娘の無事を確認した。しかし、その後に携帯電話は繋がらなくなり、連絡手段がなくなった。会社の近くに住む元従業員Ｋさんの母親が住んでいる自宅を訪ねたが、いる気配がない。そこにＫさんが駆け付けてきた。地震で破壊された道と混乱する中、普段なら30分の道のりを2時間掛けて辿り着いたそうだ。顔には表情がない。「たぶん、私の自宅に避難したはず」とＫさんはその場を去った。私も会社に戻り足の置き場もなかった部屋の通路を確保しながら何度も携帯電話で安否確認を試みた。しかしその日、安否確認は叶わなかった。

　夜8時ごろ、連れ合いの職場である仙台市若林区役所に行った。役所は書類が散乱し足の踏み場もなかった。上司に面会し、無事であると確認が取れた。彼女は地震後、六郷小学校へ緊急派遣されていた。道端には200人を超える死体が津波で流れ着いているとラジオが放送していた地区だ。自分は夜10時過ぎ帰宅した。水道は使えたが停電は続いている。雪が降る寒い夜、深夜には見たこともない満天の星空が見えた。近隣住人は小学校へ避難した様子で気配がない。余震で何度も揺れる中、一

人自宅の薪ストーブで暖を取り不安な夜を過ごした。電気という存在が当たり前の生活だったが、それが途切れてしまった。薪ストーブの灯の前で飲む温かいコーヒーは少しずつ震える体を落ち着かせてくれた。

　4日後に停電が解消された時の気持ちはいまだ忘れられない。神奈川県にいた息子とは3日後に無事の確認が取れた。そして、家族や親せき、スタッフの安否確認はその後1週間が経っても半数に満たなかった。

　大地震が来ると言われ始めた3年前ごろ、弊社スタッフMさんのお子さんが通う小学校から、父兄は緊急連絡先名簿を提出するよう指示されていた。名簿は5人まで記載、その中にスタッフMさんが勤める会社の代表である自分も記載された。それを機に、弊社も緊急連絡先名簿は携帯電話番号を軸に作ったが、今回の地震で思わぬ体験をした。大地震で携帯電話のインフラは役に立たなかった。現代社会において苦い体験である。地震発生後、全国の人はニュースを聞き電話で連絡を取り合っていた。現地にいる者だけ携帯が繋がらず、恐怖の中、孤立状態であった。神奈川県で新入社員研修を受けていた息子は上司から「東北で大変なことが起きている」と聞いたという。息子は家族に連絡を取ろうと試みたが叶わなかった。

　パニック状態の中、いざという時の災害用伝言ダイヤル「171」はほとんど活用されなかった。私も、その存在は全く意識の中になかった。思考が途切れていた。災害用伝言ダイヤルは普段から習得しておく必要があると、深く、深く反省することとなった。

福島原発

　3月12日夕方に福島第一原子力発電所で水素爆発が起こったとラジオニュースで知る。

　14日、知人より「緊急連絡：雨に濡れないように」とメールが入る。発信元は定かでないが関東圏からのチェーンメールのようであった。当日は曇り一時雨の予報で、福島で起きていた原発で雨と一緒に降る放射能を予見してのことだった。国の発表はない、マスコミの報道はない。科学的に予見される内容は、注意喚起もなく事実でないのか？　何も知らされない。知人に緊急連絡メールを伝えるとニュースでは報道されていないとはねのけられた。

　この時、国やマスコミに対して猜疑心を抱いた。停電の中、得られる情報は残り少ないバッテリーの携帯電話と、残されたガソリンで動く車のカーテレビからのみ。伝わってくる福島原発の被害状況は断片的で、今何が起きているのか確認のしようがなく、想像するだけだった。チェルノブイリ原発事故を思い出した。ここは福島第一原発から85kmの遠隔距離、放射能は100km越えたと聞いている。避難するにもどこへどのように移動すべきか。仙台まで放射能の飛散はないだろうと思われる報道。しかし結果的に宮城県北部栗原市150km先まで飛散していた。福島原発現地の人はどこへ移動しているのか、頭の中では映画で見たようなパニック映像を繰り返すだけだった。弊社には岩手から北茨城までの沿岸部に60店舗のお客さんがいる。建物崩壊、津波被害、原発災害とどうなっているだろうと不安だらけであった。

　この日から復興活動を始めた。詳しくは後の章で説明する。

イギリス

　復旧活動に励む日々の中ではあったが、仕事で、お客様とかつてより計画していた商業施設の視察があり、震災から1か月後の4月12日は娘とイギリスへ行く予定があった。

　しかし、4月11日17時16分、17分、26分と立て続けに震度6弱の地震発生。

　私は、娘と翌日の夕方にイギリスへフライト予定で、成田市へ車で向かっていたところだった。東北道は通行禁止、国道4号線は交通の混乱が予測されたので、沿岸と国道の間の山間を車で移動した。22時到着予定のホテルには翌日午前3時に着いた。12日、フライト当日の朝8時8分、ホテルの8階で千葉県震度5弱に遭遇。成田空港への電車は動かず。駅では繰り返す揺れを感じながら多くの人がタクシーを待っていた。自分たちも並んでいると、見知らぬご婦人から声を掛けられた。トランクを手に並ぶ父娘の姿を見て、ほうっておけないと思ったとのこと。結局そのご婦人が乗用車で成田空港まで送ってくれ、私たちは無事イギリスへ向かうことができた。

　ヒースロー空港にて入国手続きで並んでいると、列をなしていた隣ゲートから「フクシマ」という声が聞こえてきた。一瞬青ざめた。汚染チェックで福島に関わる人の入国拒否のうわさが聞こえていたからだ。出身地を聞かれ福島でないことを確認されるとゲートを無事通過できた。

　大英博物館には大きめの募金箱が設置されていた。湖水地方ウィンダミアやコッツウォルズなど日本人観光客の訪問地、行く先々のお店のレジの脇にも募金箱が設置

されていた。携帯電話で見せた被災画像に店員は驚きの反応、イギリスのテレビでも報道されていた光景に見入っていた。英語を話せない自分は日本語で状況を伝えようとしていた。しかし通じたのは「つなみ」だけだった。

　しかし、1か月経った後では、報道も思ったより少なく感じた。ニュースになっても、観光地に募金箱が置かれていても、結局他国の出来事にしか思われていないように感じた。悲しかった。津波は自分にとって昨日の出来事である。宿泊したリバプールのホテルは海に近く、頭の中では津波の映像が繰り返され、睡眠は浅かった。イギリスにとっては、地震も大津波も原発事故も、体験しない限り遠く離れた国の出来事。興奮しているのは自分だけかもしれない。イギリスの風景は被災地と真逆の穏やかさである。観光に訪れていた別の日本人とすれ違っても、笑顔や会話はなく、どこかぎこちないように思えた。

chapter 2
商業施設士

商業施設士とは

　本題に入る前に、より本作を理解してもらうために、まずは私の職業である商業施設士について説明したい。

　そもそも商業施設とは、商店街やそれを構成する店舗、百貨店・ショッピングセンターなどの大規模店舗、飲食店、様々なサービス業の店舗、レジャーやレクリエーションなどの施設、美術館・博物館・劇場など文化的施設、ショールーム、展示施設など、日常生活に必要な社会的サービスを提供するすべての施設の総称である。

　商業施設士は、そのような、人々が日常的に利用している、あらゆる商業施設の運営・管理システムや、店舗の構成・デザインなどを、総合的に計画して監理までを行う優れた専門家である。楽しく安全な街、情報の行き交う賑わいのある街、そして地域の文化、歴史、風土などを活かした豊かで質の高い街づくりを具体化することを求められる社会で、大きな役割を担う重要な職業（資格）だ。

商業施設士設置の背景

　昭和40年代、日本経済の高度成長に伴う商業の発展の中で、店舗など商業施設の改装需要が急速に増大し、それに関わる職能技術者も急速に増大した。こうした商業施設に関わる急速な需要の増大は、トラブルの頻発などを理由に、社会的専門職能としての責任体制の確立が強く求められた。一方、昭和47年大阪千日デパート火災、昭和48年熊本大洋デパート火災と大きな火災が発生したことで、当時の商業施設の在り方が大きな社会問題となり、専門的商業施設技術者の育成が必要であると

行政からの関係職域への指導も深まった。

　このような状況のもとに昭和48年5月、関係団体協議会の積極的な活動により、昭和49年4月、商業施設士資格制度が誕生した。「公益社団法人商業施設技術団体連合会認定資格」及び商業施設産業界14団体の推薦資格として、今に至っている。

どのようなところで活躍しているか

　商業施設士は中央・地方の公的機関から、店舗設計を行うデザイン事務所や設計事務所、あるいはマーケティング・コンサルテーションを行うコンサルタント事務所などの個人事務所、建設会社、設計・施工会社、大手のディスプレー業、及びコンサルタント・カンパニーなどに勤務している方が多い。中には販売促進に関わる広告代理店や商業施設を営む人たち、商業施設を誘致するデベロッパー、道路公団やJR関係者など多くの職場で活躍している。また、企業や事務所で経験を積んだうえで独立して開業し、活躍している方、優れた知識と経験を活かして、指導的な活躍をしている方も数多い。

商業施設士の資格の種類

商業施設士補

　公益社団法人商業施設技術団体連合会が認定している認定校の大学生、短大生、専門学校生で、認定課題の教科を履修し「商業施設士補資格講習会」を修了した者、また興味のある一般の人に対しても、試験を通して一定の知識を有することが証明された個人に与えられる。

2023年現在登録者数：32,592名
全国認定校数：164校

商業施設士

　商業施設において調査、企画、計画、設計、施工、運営などについて専門的な知識を備え、公正に職能を発揮できる個人に与えられる。商業施設士補の資格を持った方やそれ以外でも、実務経験2年以上かつ商業施設士試験に合格することで取得できる。
2023年現在登録者数：3,154名

シニア商業施設士

　商業施設士を取得後、継続15年以上資格登録し、登録更新を5回以上行っている者に付与される。
2023年現在登録者数：453名

マイスター商業施設士

　商業施設・流通サービス等について全般的に広く高度な専門性と見識を持ち、社会に広く商業施設士制度を普及することを通して、商業及びまちづくり等の発展・向上に貢献し得る商業施設士に付与する称号である。マイスター商業施設士や団体から実績を評価され推薦に至るまでは非常に難しい資格である。
2023年現在登録者数：51名

　先述の通り、商業施設士は、商業施設の総合的技術の確立とその普及、商業施設の企画、設計、監理に係る技術者の認定とその育成、商業施設及び商業施設技術に関する情報・資料の提供などを図ることにより、商業活動の効率化の促進と商業及び都市の生活環境の質的向上に

資することを目的として設立され、商業施設士資格制度約50年を経過し累計12,000名以上を数える。

　認定団体「公益社団法人商業施設技術団体連合会」は商業施設に関わるスペシャリストが集まる団体として、技術及び業務水準の向上と専門化を図り、新しい職域の確立に努めながら、商業施設などの技術に関する活動により社会に貢献している。団体は単なる店づくりにとどまらず、地域コミュニティーを有する商業施設、商店街全体の活性化、街づくりを担う分野にまで発展し、流通革新に伴う新たな商業環境のニーズに応えて、多くの有資格者を送り出している。商業施設士とはこのような資格取得者である。

※参照「公益社団法人商業施設技術団体連合会」HP（http://jtocs.or.jp）、機関誌『商業施設』2023・4月号より

私が商業施設士になるまで

　ここまでは商業施設士に関するフォーマルな情報をお伝えしたが、本項目では私がどのような経緯で商業施設士になったのかという個人的なエピソードをお伝えしたい。

　兼業農家を営む父はものづくりの職人でもあった。幼いころから父のそばで木箱やうさぎ小屋、竹細工の編みかごなどを作っていた。小学校時代から中学校時代まで、夏休みの工作では欠かすことなく賞を貰い続けていた。

　高校時代進路選択の時期が近づくと先生は企業名を出して実業団サッカー部を薦めてくれた。一方、時を同じくして2級簿記検定試験を受けたり、仙台のGデザイン展にも興味を惹かれていた。その他、自衛官募集を担当

する片倉自衛官には「松島基地で戦闘機に乗せるから来ないか」と自宅まで押し掛けられ誘いを受けた。戦闘機に心が揺れたが、結局は仙台のGデザイン展に足を運び、進路を決めた。学生時代はアルバイトで店舗デザインを手掛けていた。当時自分が描いた完成予想パースは次々と仕事になり、在学中のデザインは3店舗の完成をみた。手の器用さから職人と一緒に大工工事やクロス施工などもした。店舗デザインの面白さに取りつかれそのままアルバイト先に就職した。

　仙台デザイン専門学校卒業作品では洋菓子店ソレーユを設計し現場監理を任され完成させた。卒業後は仙台デザイン専門学校教務から声を掛けられ非常勤講師を19年間務めた。個人指導で教え子は500人を超える。社会人5年目、店舗デザインの仕事を手掛けていた時に、商業施設士となる。よいデザインをするには新鮮な空気の吸えるところで自然に囲まれた空間でものづくりをしたいと決め、現在は宮城県刈田郡蔵王町の片田舎に仕事場を設け、移住しペットのヤギと共に暮らしている。少しの不自由を楽しみながら霞を食べて生きている。

chapter 3

被害状況と復興

震災に関する私の活動について

　本章では、私が目にした被災状況について詳細に記述していくが、まず初めに、震災前から2021年11月までの、震災に関する私の行動を以下に紹介する。

　2011年3月9日11時45分、宮城県県庁駐車場で震度4を体験する。続く11日14時46分、仙台の事務所で東北地方太平洋沖地震震度6強に遭遇。

　4月7日23時32分、宮城県沖地震、震度6強を体験。さらに4月11日17時16分、17分、26分と立て続けに震度6弱を体験する。

　4月12日成田市のホテルで震度5弱を体験。当日夕方より事前に予定されていたお客様とイギリスへ。先述のとおり、イギリスへの視察は、長い歴史の上に成り立つイギリスの町や村の伝統や営みを視察して仕事に活かしたいと、事前にお客様と企画していた。震災を経験した後の視察は私にとって予想もしなかった視点で学びも多く貴重な体験となった。

　4月29日、南三陸第1回福興市の視察。5月4日、おながわ復幸祭視察。5月15日より毎週日曜の早朝からゆりあげ港朝市において子供服支援物資のボランティア開始。6月11日、登米市の復興市視察。6月気仙沼大島にて子供服支援物資届け。9月24日、第93回商業施設学会関東部会にて、震災その後の状況報告。続けて業界機関誌に状況報告掲載。

　2012年4月、再度イギリスへ視察訪問。目的の一つ、イギリス海峡に面した海岸ジュラシック・コーストを視察した。8月、「第11回日本商業施設学会全国大会」にて報告。時期を同じくして業界機関誌などで報告。

　2014年7月、イギリスへ同行した北海道の本田社長と

山口県の水上社長と共に、支援のため気仙沼大島を訪問。2014年11月、「第1回東日本大震災被災地商業施設視察研修」の実施。

2015年8月、「第14回日本商業施設学会全国大会」にて報告。同10月、「第2回東日本大震災被災地商業施設視察研修」の実施。2016年8月、「第15回日本商業施設学会全国大会」。2019年10月、「第3回東日本大震災被災地商業施設視察研修」8年目の検証を実施。その後も機関誌などで現状の報告をする。

これらの活動をふまえ、この章では、様々な視点からそれぞれの被災状況をまとめていく。

商業施設ごとに見る被害状況

ここでは2011年9月までの状況を記す。

前の章でも軽く触れたが、震災発生から3日後くらいには事務所の片付けをしながらお客様に連絡を試みたり、現地に足を運んだりして被災状況の確認を始めた。三陸沖を震源としたマグニチュード9.0という巨大エネルギーの放出は、自分が住む街の至るところを破壊したが、仕事に関わる商業施設もその例外ではない。大型店舗やスーパーなどは「人が集まるところ」なので安全基準も高く、堅固な建築構造が備わっているにも拘らず、破壊されたエスカレーターや、天井の落下が広範囲に見られた。

商業施設は生活に密接に繋がるものであるので、物理的な被害の状況を素早く正確に把握することが必要で、私はコンビニエンスストアーや大型店、スーパーやショッピングセンターなどを見て回った。そして、一定

期間にそれぞれの復興状況を確認した。手掛けたお店の被災状況を収集し復旧に走る毎日。協力業者の大工職人は多くの復旧工事に振り回されており手配が行き届かず、私は自ら走ることになった。

　ガソリンスタンドは長蛇の列。給油に5時間から8時間以上も掛かる時があった。早朝、薄暗い時間から事務員さんはおにぎりを持って給油の列に。給油されたガソリンを作業車に移し替え復旧作業に走らせた会社もあった。ガソリンの価格を1.5倍近く値上げしていたところもあった。今ではその会社の姿はない。

　私はこうした状況で給油が思うように叶わず、自転車を購入した。荷台に大工道具を積み、市内を回っての緊急な修繕。1週間から10日続けた。その後も遠くは乗用車、近隣は自転車移動が3週間続いた。停電で信号が消えていたので運転は緊張を要したが、交通事故はほとんどなかったことを不思議に感じた。車は生活の足であることを切に感じた。

　自転車で移動中、商業施設の状況を観察して回った。建物がつぶれ、天井は落下し、商品棚は倒れ、商品は散乱。そんな店舗が数多くあった。その姿はしばらく見受けられたが、そんな中で店頭では食料品や生活雑貨を販売していた。障がい者支援施設である西多賀ワークキャンパス（現仙台ワークキャンパス）で知り合った男性の姿を、コンビニエンスストアーの店頭に並ぶ人々の中に見掛けた。彼は話をする時、どもりがあり、話せない時がある。それでも知り合いには声を掛ける人だ。緊張すると体が震える時もある。彼は周りをキョロキョロしながら落ち着きのない仕草で黙って列に並んでいた。その日は3か所のコンビニで彼の姿を見掛けた。どの店も20人から30人の行列を作っていた。食料を求め、生活雑

貨を求める買い物客。どこの店も棚にはほとんど品物が
なかった。

コンビニエンスストアー

　震災当日よりコンビニエンスストアーでは、主に非常
食、電池、ろうそくなどを求める人々が、店頭の駐車場
に長い行列を作った。津波被災地区は商品が根こそぎな
い。乗用車が店内に重なっているあり様を目撃した。翌
月4月末までに再開したお店は約80％、ただし全商品が
揃っているわけではない。コンビニ事業本部に再開店舗
情報を求めるが、個人情報保護ということで公開されず。
ある事業部ではインターネットで公開していますと答え
る。

　津波の影響によるコンビニエンスストアーの閉店は閖
上・石巻・女川・南三陸・他（目視）。もちろん周囲の
住宅や建物は津波に流され跡形もない。

大型店

　箱型建築が多く下階駐車場を有する大型店舗は構造的
に柱間が広く、ローコスト構造に取り組むあまり地震の
被害が多く目立つ。床や天井の波打つ揺れに伴い天井が
落下、フロントガラスの破損、壁の剥がれ、エスカレー
ターの破損、屋上設置室外機の転倒など。商品は倒れ傷
がつき、まだ使える商品であるが売り物にならずと処分
され駐車場に山積みされていた。今思うに、あの商品を
被災者に届けたらどんなに助かっただろうかと物の豊富
な時代、心痛む思いであった。

　2011年8月、再開90％まで復旧。2011年12月には、ほ
ぼ再開（情報と目視）した。

スーパーマーケット

　イトーヨーカドー系は震災翌日から店頭にて営業した（広報担当談）。各地元のスーパーの半数の店も店頭にて営業していた。震災後1週間から10日間は毎日早朝から食料を求める250人超の長蛇の列を目視。後、数十人の列が3月下旬まで続いた。商品を買占める姿は見られない。お互いの視線が冷静な行動を促したのではないだろうか。日本人は凄いと実感する。まずは食料と日用品の対応が重要だ。

　2014年7月、イオン系は陸前高田市にイオンスーパーセンターをオープンさせ、SC全体で170名の雇用を被災地にもたらした。テナント8店舗中5店舗は岩手県内企業を、うち2店舗は陸前高田市に本社を構える企業を誘致した。震災直後から移動販売（訪問販売）をすすめ、その後地域の要望を受ける形で陸前高田衣料館をオープンし、被災地に多大な貢献をしている。復興の先が見えない状況下で、大手商業施設が復興のために出店し雇用ももたらしたことで、市民を勇気づけた。市民は日常生活に必要な品物をスーパーマーケットに期待して、集まっていた。

大型ショッピングセンター

　多くのテナントを抱えている分だけ足並み揃えた営業ができず、再開の遅れが目立つ。平坦地を求める大型店舗は開発しやすい水田を埋めた軟弱地盤に建築された商業施設が多く、地盤沈下が見られる。駐車場のひび割れや建築の破壊、エスカレーターの脱落もあった。大きな歪みが生じた建物は入店禁止建築物として扱われた。ザ・ビッグ塩釜店は7月末仮オープン（11月になっても

空き店舗あり）。イオン多賀城店は10月初めオープン予定だったが、11月でも一部工事中だった。イオン仙台幸町店、ザ・ビッグ仙台泉大沢店はエスカレーター破損、6月〜7月オープン。イオン系は2011年6月に60％再開。津波による被災店は7月にフロアーの一部が再開。その後8月ごろには90％、11月には、まだ工事中のところも見られるもののほぼ100％近く再開した。大型SC再開の来店客の状況を見ると土日は多くの人で賑わっている。商業施設は買い物だけではなく憩いの場、コミュニティーの場として多様な役割を持っているのだ。被災者をどれほど支えてくれたことか。商業施設の役割は大きい。

　宮城県内に商圏人口40万人をうたう商業施設や商店街は5か所以上ある。毎日来店客2,000人強を集客し成り立つスーパーは150店舗を超える。他にミニスーパーは50店舗を超えてある。さらに商業施設は商店街として市町村至るところにある。宮城県の人口は220万人。これほどに集客を期待する商業施設、いざという時、被災に対する役割は多大である。まさしく商業施設がなければ生活は成り立たない。

　震災直後、物流は混乱を来たしていた。福島沿岸国道6号線、仙台と八戸を結ぶ沿岸国道45号線はほとんど寸断されている。内陸においても国道4号線や東北自動車道は同様に地震災害で道路は歪み陥没やずれで目的地まで思うように走れない。トラック輸送は困難を極めていた。仙台に入るには新潟経由山形経由のルートがほとんどであった。品物を運ぶインフラは被災者に追い打ちを掛けるような状況である。新潟県の中越地区にあるH企業はトラックに食料など支援物資を積み込み、国道17

号線を通り山形県の小国を通って仙台まで来たという。食料支援物資は山積みであった。自分もおすそ分けいただきずいぶん助かった。いただいた銘酒は、あまり飲めない自分の体を温めてくれた。運転手は自分の昼食のおにぎりを、食べずに支援物資と共に置いていった。それを聞いて、目頭が火傷しそうなほど涙が流れた。被災状況として建物やその内部の様子など目に見える範囲で判断してしまいがちであるが、商業施設には物流という決して欠かすことのできない関係先がある。物が移動しない限り店頭には商品は並ばない。商業施設は物流まで含めて考え理解し構築していかなければ成り立たないのである。

仮設商店街

　商業立地にマッチした仮設商店街は半分くらい。人を引き付けるような話題性のある仮設商店街は極一部のようだ。時が経つにつれ個性のない店舗は客を減らし仮設商店街はいずれ忘れ去られていく。国民の誠意ある行動が薄らぐ前に復興すべきである。今日まで各地で見られたシャッター商店街を繰り返すような思いがする。課題は山積みである。

　中小企業基盤整備機構による仮設施設整備事業は2011年11月時点で395か所の要望で257か所が基本契約済み、198か所着工で105か所竣工。2012年10月に仮設店舗入居区画数は1,543区画（関連事務所含む）とネットにて公表。

　コミュニティー広場を設置し定期的なイベントを行っている仮設商店街は人を集めている。一方で、どう対応したらよいのか苦戦している仮設店舗も多く見受けられる。復旧を急ぐあまり仮設店舗は商業立地として検討が

なされていないところがある。これから起こりうる災害を想定し、いざという時の仮設立地を事前に検討しておく必要があると感じる。

商店街

商業施設の状況確認などで宮城県沿岸部のあちこちを行ったり来たりしていたこともあり、それぞれの商業地域や街の様子についても状況を確認していた。2年経っても、まだまだ「復興」を口にできるほど状況が落ち着いていないのはもちろん、生活区域として機能しているとも言いがたいような状況。「新たな街づくり」や「再開発」という視点からも、商店街の被災状況や復旧の進行具合に注視したい。

意見がまとまらず進まぬ『まちづくり計画』。やっと始まった嵩上げ工事は1年から4年先の完成予定である。その後にスタートする商店街の工事。現地では復興として目に見える建物は何もない。

個店

先の見えぬ再開に、気持ちを喪失していくようだ。世代交代を目の前にした個店の前進と後退。時間経過と共に消費者の記憶から薄れていく専門店。顧客は復旧復興が進む大型商業施設の専門店に流れ完結してしまう。再開したいと願う店主の思いと今までの経験は、時代の変化や進化した商業施設には追いつけない。現状意識と時代に即した新しいことを始めなければ真の復興といえない。ここに再開を支援する商業施設の専門技術者が必要である。

地域ごとに見る被害状況

　本項目では、地域ごとの被害状況を見ていくが、当時の状況をよりリアルにお伝えするために、当時のメモを引用する。

陸前高田市

【2014年11月視察より】

　総延長およそ3kmのベルトコンベアーに驚愕した。二つの山を削り、街をゼロから作る。T.P.（東京湾水位から）12.5mの嵩上げを決定し、平成31年までに完成させる土木事業である。山から市街地へ、1日に10tトラック4千台分の量の土を運ぶ。総搬出量は2万m³。それは、人間による偉大な技術進歩の実践場のようにも見えたし、またむなしい自然への抵抗にも見えた。昨年、陸前高田商工会が実施した意識調査「新しい中心市街地での出店意向確認調査」の結果が掲載されている陸前高田市報告会平成26年11月13日報告書によると130業者が戻ってくる意向を示している（追記：震災前商工会議所に加盟していた事業所数は699。その内604か所が被災した。310か所が営業を再開。新たに設立した事業所も含め2021年1月末時点で540事業所と報じられている）。

　目の前に展開する広大なハード事業の先で賑わいのある街が再開できるのか、私たち視察団は疑問視しながらも、その姿を想像し願う。それは、あまりに広大すぎる景色である。ハード主体の復興計画だけが目につく。人々が関わる生命的なソフト面がほとんど見えてこない。「誰による誰のための復興事業なのか」。地元の意識調査から見えるように、復興する街の大きさと税金を投与するバランスの取れた復興事業を展開すべきではないだろ

2014年11月：嵩上げ工事、延べ3kmのベルトコンベアー

2019年10月：震災8年後の工事風景。津波は塔屋まで達した（家主塔屋に避難、助かる）

うか。これから尚、一層意見を交換しながら商店街の役割と在り方を考える必要があろう。これから建築開始されるまでの間は、未来の街を創造する大変重要な時期である。「奇跡の一本松」は、遠くからそれを見守りながら立っていた。

【2019年10月視察（8年目の検証）より】

　700億円の復興事業。ほぼ嵩上げを終えたその地に、商業施設が軒を連ねて復興し始めていた。建築はシンプルで、商業施設に必要な個性は薄く、それぞれに似たような建築である。嵩上げした土地の利用決定はいまだ3割である。土地の7割はなかなか先が読めない。ソフトが感じられないハード事業だけが先行していると感じた5年前の視察がよぎる。嵩上げした土地の利用はどのようになっているのか。商業施設「アバッセたかた」（2017年4月オープン）「道の駅高田松原・東日本大震災津波伝承館」「今泉地区商業集積」（当時計画中）の3地区を軸にトライアングルで結んで復興計画が進んでいた。道の駅に併設された「東日本大震災津波伝承館いわてTSUNAMIメモリアル」はコンセプトもよく見ごたえのある伝承館である。道の駅「高田松原」は2019年9月にオープンした。震災前の人口24,246人（参照：陸前高田市HP2023年3月6日時点）。2020年人口予測18,443人（参照：国立社会保障・人口問題研究所HP）。人口減少をどう読み取り、将来の陸前高田の役割を、震災以前を超える観光地とするのか否か。新しい生き方を模索して発信をするべきか課題を突きつけられているようだ。

　先日、中学生が台風19号の被災地に向けて義援金の募集をしていた。復興支援に駆け付けてくれた全国の方々に大きな感謝と共に「絆」の意味を深く感じた若者

たち。彼らが背負った陸前高田の未来にはさらに、はてしないものを感じた。

　商業施設の復興に関わった今泉地区の「陸前高田発酵パークCAMOCY」は2020年12月17日オープンした。発酵をコンセプトに発酵商品を提供する専門店が集積した商業施設である。予期せぬコロナ禍で振り回されながらオープンした。観光客の集客に苦慮しながらも商業施設はトライアングルで動き始めていた。

大船渡市

　明治三陸地震、三陸大津波、チリ津波と3度の大津波を経験する大船渡市。東日本大震災による津波はみるみる街を呑み込んだ。その様子は齊藤賢治さん（一般社団法人大船渡津波伝承館館長）が撮影した映像に克明に記録されている。揺れ始めた直後、堀の魚が暴れて水面を飛び跳ねる。津波が来るぞと従業員に避難を呼び掛け高台に逃げる。家業の菓子店舗や街を呑み込む津波の映像を撮り続けた。商店街は跡形もない。大船渡市は復興基盤整備期（2011年〜2013年）、復興展開期（2014年〜2018年）と称し震災復興計画を実施中。1期工事区域、2期工事区域と分け大船渡駅周辺は現在（2014年記載）、嵩上げの工事中である。山裾にあたる国道45号線沿いは一部再開した商業施設があった。仮設店舗や再開した店舗など嵩上げ工事を進めた範囲が一望に眺められる状況にある。繰り返される津波被害、それに対応する内容に覚悟をしながらも2011年12月に夢商店街が仮設でスタートした。他の被災地よりも早い復旧である。2017年4月に本設のおおふなと夢商店街を再スタートさせた。

　時が経つにつれ、来店客の数にも波が出始め、何度か商業施設のアドバイスに足を運んだ。S製菓は震災の年

12月までに沿岸で被災した5店舗の再開を成し遂げた。しかし本店はまだ仮店舗での再開である。その年に市内の国道沿いに本店を構えたいということで設計に入った。その立地は以前、店を構えていたところから離れた場所だった。経営者は復興の立地に相応しいのか悩み続けた。ほぼプランは固まりつつあったところで、その地を断念した。大船渡市の復興計画をにらみながら、社長はこの地の開発事業を担当するUR都市機構とプランを煮詰め、大船渡駅前に再開したのが2019年。震災の8年後になる。

気仙沼市

　2011年6月、子供服支援物資を持って私は気仙沼市の離島である大島に向かった。港から見る風景は災害の大きさを物語っていた。津波で破壊されたプロパンガスボンベから噴出したガスやコンビナートから流出した油によって、海面が大火となり入江が焼け焦げ、裾野は黒く帯状に伸びていた。港で迎えてくれたのは漁船。物資を載せて私たちを大島へと走らせる。船を出す青年たちは被災の衝撃で言葉を失ったのか、下を向きながらも一生懸命に対応する姿は印象的であった。大島に着いた時の風景はさらに想像を超えた。高さ235mの亀山に据えられた全長903mのリフトは乗り場から頂上まで黒く焦げていた。フェリーは津波で3m高い陸に打ち上げられ船底が見えていた。船着場から見上げる先に船体の底を見せているフェリーの光景は体に震えをおぼえるほど異様なものだった。

　2014年7月、2度目の訪問。被災地に支援したいと取引先でもある北海道のほんだ菓子司社長本田日出雄氏、山口県のトロアメゾン社長水上隆男氏と弊社スタッフK

さんと4人は車で向かった。仙台市から気仙沼市の国道45号線の道のりは被災3年が経っていてもいまだ復旧工事中。道は破壊されたままのところもあり1.5倍の時間を要した。国道45号線は被災の傷口がいまだ数多く見られた。大島へは1便遅れの乗船だった。非常時の船は定員オーバーを許す運航である。着いた大島の港は全く機能を呈していない。

　支援物資に目を向ける島民はほとんど無口であった。心に受けた衝撃の大きさは想像もできない。菊池校長始め小学生たちは私たちを待っていて、体育館で遅れた昼食を共にしてくれた。小学生は武道の演技を披露してくれた。被災に負けず必ず復興しますと言わんばかりの真剣なまなざしに、私たちは息を呑んだ。その後、本田社長は菓子を送り届け、島民と数度文通を重ねて、被災した心を支えていた。

　2014年11月視察。仮設商店街「南町紫市場」「復興屋台村」が港の脇に建つ。さんまやふかひれで有名な気仙沼港は漁業の中心であり大島の玄関口でもある。港の機能はとりあえず回復。旧市街地は国登録有形文化財である「角星店舗」や「男山本店店舗」の建物復旧工事中であった。他の建物はほぼ解体されていたが、被災の後はいまだにそのままである。気仙沼市の仮設店舗は2014年10月1日現在18か所あり、合計181区画は現在も大半が仮設で営業中である（参照：宮城県公式HP「仮設店舗現況調査」の結果について）。気仙沼市では、東日本大震災で被害を受けた市内産業の早期復旧・復興を図るため、国・県が実施する各種支援策を補完した独自支援策を2013年10月より創設している（参照：気仙沼市HP気仙沼市産業復興支援事業）。しかしながら進捗はあま

2014年11月：南町紫商店街入り口外観（仮設商店街）。商店街に50店舗超入居

2023年9月：復興した紫神社前商店街、30店舗にて復興。中庭を設けて港側に商店街、その西側に住宅

り感じられない。仮設商店街「南町紫市場」はイベントを開催しながら積極的な商業活動を行っている。「復興屋台村」は17店舗が軒を並べ、各店、オリジナル丼など新鮮な魚を提供していた。

　視察の翌年2015年8月、汽船沼は嵩上げされた岸壁に多くの漁船が寄港しており復興する街づくりは着々と進んでいた。耳に入る情報も復興の兆しを感じる風景である。

【2018年10月現場で感じたこと】

　商業施設の復興にあたり国や県、地元商工会などが活動している。気仙沼商工会議所で一商業者の復興事業の対応に悩んでいた。その一例を記す。被災前のお店を取り戻したいと願う店主は80歳を超えていた。4分の3の補助金が出る事業に再建を描いている。震災よりすでに7年が経っている。事業計画を提出して採択されるまでに1年近く掛かる。それから店舗の設計及び建築である。資材不足と人手不足の建築は期間が読めない。オープンする時には震災からすでに10年が経っていることになる。「震災前の姿に戻したい」と言われても環境は大きく変化していて商業施設の経営は成り立たない。自己負担の借入返済が始まる時はすでに80歳半ば、仮に15年間の返済計画を立てても完済の年には100歳である。店主の必ず復興するという思いにはどうしても応えられないのである。心のケアーも必要であると頭をよぎりながらのアドバイスである。

【2019年12月（8年目の検証）より】

▪ 鹿折商店街

　震災前30店舗以上が軒を連ねていた「鹿折かもめ通り商店街」は姿を変え2017年3月までに6店舗がスター

トしている。中央に歩いて買い物ができる道を作り左右に商業施設10区画を連ねるという復興計画である。近隣には復興住宅が建ち並び始めた。すでにオープンしているお店を合わせスーパー3件の出店計画があった。この環境で商店主たちは共存していけるのか悩みに悩み「鹿折かもめ通り商店街」での再建を断念し敷地を駐車場にするという話も聞こえてくる。廃業に追いやられた商店も数多い。このプランを計画していた某先生は開発時には席を外していた。中途半端な関係の中で取り残された商店主たちは誰を頼って事業を進めたらよいのかわからないまま時が過ぎていった。スタート時点から市場を予測しながら計画を進められる専門者が関わっていたらと思う事例である。

▪ 南町海岸周辺

　様相は一変していた。気仙沼から離島大島に「気仙沼大島大橋」が架かり大島航路は2019年4月に定期航路が終了している。港の周辺は今も復興工事中で、人の動きはあまりみられない。一部復興した商業施設はあるものの賑わいはない。2020年3月までには地ビール店やミニイベントホール、鮮魚販売店、飲食店など集積商業施設として随時オープンする予定地区である。

　離島である大島は観光の島、橋が架かり車で12〜3分で行けるようになった。廃止された定期航路は25分掛かっていた。便数も限られていた。2019年4月に橋が開通し訪れた人は震災前の年の2倍になった。車で移動できる訪問者は日帰りができる。大島の魅力の一つに海水浴100選にも名を連ねる小田の浜海水浴場があり、海鮮料理を期待し民宿に泊まる観光客が多くいた。震災前2019年は約4万人の宿泊を数えたがコロナの影響も重な

り2020年は2万1千人と52%減である。離島大島は観光
が目玉で宿泊客を多く迎えていた。橋が架かり日帰りで
きるようになった大島は新たに問題を抱えていた(追記:
時を同じくして塩釜市の離島、寒風沢島に行き民宿に泊
まりS女将さんから震災当日及びその後の復旧事業の様
子を伺った。被災地の復旧工事はほとんど重機で行われ
ていたがこの地は手作業の多い復旧作業であったようで、
被災した住民に一時的に小さな雇用を生んだ。復旧はし
たもののこの離島でこれからどのようにして民宿を経営
していくべきか迷っていた。気仙沼大橋同様に80m離れ
ている島に橋を架ける話が話題になっていた。女将さん
は「病院や買い物に行くのに私は便利になるけれども、
観光民宿として生きていくには橋はいらない」と言う。
商業施設においてサービス業という分野に含まれる民宿。
頭によぎる市場や商圏を組み立てて商業施設のアドバイ
ザーとして話すには難しい内容であった)。

南三陸町

　震災のあった3月下旬、手掛けたお店を訪問した。途
中7km内陸まで津波が川を上ったと聞く側道を走り、杉
の木の枝に遺体が引っ掛かっていたと聞く道を通る。当
時ハンドルを握る手は震えていたように思う。現地に到
着したがどの位置にお店があったのか判断がつかない。
2〜3周してやっと着いた雄新堂菓子店、建物や300kgを
超えるデッキオーブンや冷蔵ショーケースは跡形もなく
消えていた。近隣JR志津川駅前にあった家電ショップ
遊電館には、波にさらわれたのだろう、家電商品がどこ
にも見当たらない。高さ7mを超えた建物はむきだしの
鉄骨のみが残っていた。建物の最上部には赤い布団が
引っ掛かっていた。人影はほとんどなく安否確認のしよ

うもない。無人の廃墟というべき光景を前に、復旧や復興の様子は全く想像つかない。何がどのようになったのか理解が及ばないまま廃墟を後に帰路に就いた。安否確認ができたのは1年を過ぎたころだった。

　南三陸福興市では4月29日、30日と市が開催された。到着して最初に目についたのは災害復興のため派遣された沖縄の自衛隊車両。他に各地からも自衛隊が駆け付けていた。県外各地の警察車両も多く走っていた。高台にある志津川中学校を会場に執り行われた福興市。そこには鹿児島県、愛媛県、福井県やその他、各地から多くの支援者が来ていた。また支援物資も届いていた。運動会テントの中ではカレーライス100円でブースを構えており、女子中学生が大きな声で呼び声をしている姿が胸を刺した。夕方にはEXILEなど芸能人も支援に駆け付けてくれた。被災者は言葉にならないほどの感激を、大きな、大きな声援に変え、迎えていた。

【2015年8月記述より】
　南三陸町（志津川地区）、マスコミでも多く取り上げた鉄骨むきだしの防災センターが印象的だ。瓦礫の片付いた跡地にある仮設店舗「南三陸さんさん商店街」と1960年に高さ6.4mのチリ地震津波が押し寄せた記憶を残す「モアイ像」が訪問者を迎える。今回は15.9mの津波が町を襲った。現在、嵩上げ10.6mの土木事業が進んでいる。この事業を理解していただけるようにと「復興まちづくり情報交流館」が設置されていた。「町づくりはスタートしましたが心のケアーはまだまだ必要です。工事を早く進めたいが、このような心情を汲み取ると時間の掛かる難しい工事です」と話された復興機関の現地

2014年11月：防災センター・T.P.12m嵩上げ方向を望む

2014年11月：南三陸さんさん商店街（仮設商店街）。マスコミが多く取り上げた

関係者の言葉が印象的であった。2018年度に嵩上げ完成を目指している。多くのマスコミが「南三陸さんさん商店街」を発信してくれたお陰で賑わいのある仮設商店街である。本設商店街の計画は始まったばかり。復興はまだまだこれからである。

【2019年10月（8年目の検証）より】

　株式会社南三陸まちづくり未来が運営する「ハマーレ歌津」と「南三陸さんさん商店街」。

「ハマーレ歌津」は8店舗で復興していた。商圏人口は少ない。海を軸にして観光客を取り込むにはあまりにも商業施設としての魅力を感じない。車で13分の移動先には地元スーパーが在る。住民の買い物はそちらを選ぶであろう。全く同じ顔をしている「南三陸さんさん商店街」と変わらぬ建築デザインは、さらに歌津の個性を感じさせてくれない。この状態でこれからいかにして個性的で魅力ある商品の品揃えをし、吸引力の有るイベントの企画をたて人を呼ぶか、その手腕に期待したい。

「南三陸さんさん商店街」は28店舗の集積商業施設である。マスコミにも大きく取り上げられ来客の8割は観光客である。生活用品を扱う店は少ない。嵩上げされたこの場所から「南三陸町防災対策庁舎」を眺められ、観光地としての役割を担っている。「たこプリン」など三陸タコを軸に商品開発をし、観光土産として海産物やお菓子などが多く並んでいた。観光客は食事込みで2～3時間は過ごせそうだ。「南三陸さんさん商店街」は総事業費約7億円で国が約5億円を助成する事業。延べ面積は約3,000m²。株式会社南三陸まちづくり未来がスケルトンで建設し、内装などは賃借する店舗が整備する形で進んだ。元々持ち家で店を構えていた店主は経験のない

家賃支払いに戸惑いを感じていた。オープンした飲食店は海鮮丼に2,800円の値をつけていた。来店客から、税金で多くの助成を受けておきながらこの価格は高すぎるとの声も上がり値段を調整した。売り上げが少なければ返済を不安視する経営者と、復興に思いを寄せ遠くから駆け付けてくれたお客との思いのずれが心を重くする。南三陸商工会長山内正文様にご講演をお願いした。過去の津波経験をもとに、普段から避難方法や復興へのシミュレーションを重ねていたようだ。株式会社南三陸まちづくり未来の設立から商業施設の建設、施設運営までの経緯を学んだ。街が全くなくなった状態からの再建の速さは大いに学ぶべきところである。

女川町（市街地地域）

　女川町の被災状況は、女川市街地地域8,071人（死亡等1,436人）、被災面積145.33ha、被災棟数3,007棟と報じられている（参照：女川町HP）。

【2015年8月記述より】

　震災1か月後、60代の先輩たちが中心になり「復興連絡協議会」を立ち上げ、「20〜30年先の街を創るには、還暦過ぎた者は口出さず、若者が中心であるべき」の考えのもと、若者のアイデアとベテランの調整により女川の未来創造は進んできた。「復興まちづくり情報交流館」には地元の高校生が作った復興未来図（ジオラマ）が展示されている。防災より減災、防潮堤は作らず終着駅は海の見える復興の街。復興庁女川町まちなか再生計画の認定は2014年12月19日「女川町まちなか再生計画」として復興庁認定第1号である。JR石巻線は2015年3月21日に全面開通した。秋には駅前商店街が完成する予定で

終着女川駅から復興した商店街及びその先の女川港を望む：女川町提供

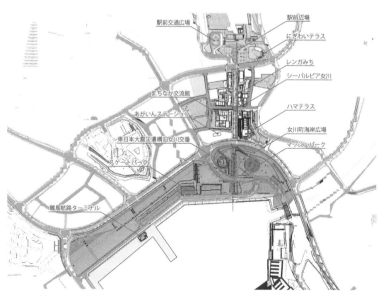

シンボル空間のコンセプト：女川町提供

ある。女川は復興のトップランナーである。

【2019 年 10 月視察（8 年目の検証）より】

　2016年12月に「ハマテラス女川」がオープンしている。商業集積の中心をなしている。温浴施設を併設する最終駅の女川駅を降りて港に向かう。駅前広場を通り過ぎると左右に商業施設が建ち並びその先に海が見える。シンメトリーな景観に何か新鮮なものを感じる。建物は黒色に統一された外装デザイン、向き合う商店の中央には樹木をあしらった広場がある。整った商店街を感じさせる雰囲気。多くの人を呼び込むイベントに相応しい広場もある。その商業施設は平日利用においては建物が向かい合う広場としては少し広すぎるのではないかと疑問視する。広場を3分の2に狭めることで、もっと賑わいを感じられるのではないだろうか。イベント時においては周辺の駐車場が少ない。施設と駐車場のバランスを疑問視する。視察先で黒色の建築デザインが多く見られた。似たような建築素材とデザイン。商業施設には温もりや個性がもっと必要ではないのかと残念に思う。

　2010年時点の人口10,051人。2020年人口予測8,055人（参照：国立社会保障・人口問題研究所）、人口減少とどう向き合うかが課題であろう。

石巻市（門脇地区）

【2015 年 8 月記述より】

　日和山から眺める被災の街は災害の残酷さを強く物語っていた。今でも遠くに見える海から津波が押し寄せて来るのではないかと恐怖に駆られる。

　北上川中洲は震災から4年経つが被災の景色はほとんど変わっていない。石ノ森萬画館が、ぽつんと中洲に浮

2014年11月：石巻日和山から北上川中州を望む

2014年11月：石巻まちなか復興マルシェ。元気な若者たちがいた

いている。門脇地区や街の中心鋳銭場地区は被害が特にひどい。石巻駅を含むアーケード街には人がまばらで全く活気が感じられない商店街となっていた。唯一、仮設商店「石巻まちなか復興マルシェ」にて若者たちが元気に働く姿に心が奪われた。震災を乗り越えようとするパワーをその若者たちに垣間見ることができた。

　大型店舗が集積している石巻駅から北西約4km内陸にある蛇田地区は郊外型として以前より商業施設が増えている。石巻市ホームページに公開されている復興の基本的な考え方。石巻市では平成25度まで復旧期、平成26年度〜平成29年度まで再生期、平成30年度〜平成32年度まで発展期と称し、復興に向け活動を進めている。

【2019年8年目の検証より】

　旧商店街は復興が進んでいるが新築店舗は見受けられず空き店舗が増えたようだ。震災以前から今日までも商業施設は郊外型として蛇田地区に移っていた。北上川の中洲の石ノ森萬画館は復興していた。その向かい岸に堤防と一体になった商業施設「いしのまき元気いちば」が2017年6月にオープンした。自分が関わったこの施設は地元農産物や海産物、飲食店と複合された施設である。支援してくれた全国各地、ご当地商品を販売するコーナーを設けたその姿は物産館を呈している。この周辺は生活者も多く最寄り品の買い物客が予測される。中心市街地商業施設の中枢になるであろう。事業の中心となって復興に尽力した副社長の松本様から震災前、震災後の石巻の様子をお話しいただいた。

「下を向かない、笑顔を絶やさない」

　その言葉ににじむのは、「石巻を元気にするぞ」という使命を背負って立つ人の思いであった。

仙台市

地震当日、商店それぞれは対応に隔たりがあった。仙台市中心部商店街は大規模災害に備えて買い物客の誘導など訓練を重ねシミュレーションしてきたが、活かされなかった。お客様を大声で店外に誘導した。体験したことのない揺れにパニック状態である。棚から商品が崩れ落ち店内の通路を塞ぎ身動きできなかった。店内から避難したアーケード街の通路には人があふれ身動きすらできない状態である。ほとんどが買い回り商品を扱っているアーケード街は急遽閉店とし、とりあえず店頭部分の片付け作業を程々に、店員に帰宅を促した。中には営業を続けているお店があり、非常食や非常物資を求める買い物客が、パニック状態のまま一番町やアーケード街を埋め尽くしたと聞く。郊外の商業施設は、散乱した商品をそのままに、店頭で非常食や非常物資を買い求める客の対応に追われていた。

その後3〜6か月経っても復旧工事の進んでいない店舗が見られた。2011年中ごろから震災特需と一時休業や廃業といった姿が顕著に見て取れた。全国各地からボランティアや復旧作業員などが駆け付けた。宿泊ホテルは常に満室状態、仕事を終えた人々は仙台の街に繰り出した。国分町は行き交う人々であふれていた。帰路で新幹線に乗るほとんどの乗客は両手に土産を抱えていた。

被災地の景気から見る専門店の状況として、仙台中心部商業施設及び駅の商業施設では、土産を使う店は震災特需で2011年の夏ごろは前年度対比110%〜150%の売り上げを示していた（お客様である経営者からの直情報）。一方で茨城県・埼玉県・新潟県・山形県・青森県など被

災地隣県は前年度対比100%割れで中には70%の景気状況であったと聞く（お客様である経営者からの直情報）。翌年、明けにおいてはだいぶ落ち着いたものの、仙台はいまだに特需が続いている店もある。一方では商業施設の改装や新築はあまり見られず、先の見えないまま一時休業や廃業に至る商業施設も多く見受けられた。

　復興はまだまだ先。特需に縁遠い商品を扱う商業施設の多くは、何も変わらない環境に苛立ちと焦りを感じているようだ。先の見えない状況はまだ続きそうだ。

　震災後6月ごろから弊社や建築関連会社へ、関東方面から仕事のファックスが多く届いた。仕事を受注しているので手伝ってほしいという内容である。地元業者は手いっぱいの仕事で手伝えるわけがない。先に進めない商業施設の復旧工事を横目に大手内装業者は仙台から次々と支店や営業所を一時撤退した。今まで仕事をしてきたお客様との関係をどう見ているのか、復旧復興はどうなるのか疑問視する思いだった。

名取市（閖上地区）

【2014年11月視察研修より】

　視察研修でお願いした2人の講演は初めから衝撃的な話だった。地震が起きた日の夕方近く、地方選挙を目の前に事務所を構えていた太田稔郎事務所に、耳を疑うような現実が飛び込んでくる。「大津波が閖上や仙台空港を襲い町が壊滅、多くの人が津波の犠牲になり流された」と。それを聞いた太田氏は夕方には「名取災害支援センター」を立ち上げ、炊き出しから始めた。復興のシンボル「ゆりあげ港朝市」理事長桜井広行氏の体験談によると、「津波が来る、逃げろ、逃げろ」と声を掛けたが、まさか貞山堀を越えてはこないだろうと避難しなかった

人が大勢いたそうだ。

　津波は多くの人を呑み込んだ。閖上地区の死者は700人を超えたと発表されている。振り返れば防災意識の低さが被害を大きくした事実があるという。被災した人々は食料や日用品を求めて右往左往していた。すべて流された被災地はもちろん食料物資が激減していた。そんな時、桜井理事長のもとへ組合員のSさんから奮起の電話があった。彼女は避難先の志津川で運ばれてくる多くの死体と隣り合わせで避難生活をしていた。「このままではいけない」と組合員は内陸にあるイオンモール名取から駐車場の一角をお借りして、震災16日目に「ゆりあげ港朝市」を再開した。

　周りはほとんど閉店の状況下であり食料品を買おうにもほとんどない。市は品薄ではあったが並べられた食料に、被災者はどれほど勇気付けられたか。生活圏を共にする私は両者の献身的な活動を2年半そばで見ていて本当に頭の下がる思いであった。組合員が早く復興したいと願う思いは周りを大きく動かし、具体的なプランが始まった。地元出身の建築設計業者と仙台市の建築ゼネコン会社が中心となり、私はボランティアの立場で商業施設としての機能について基本的なアドバイスをさせていただいた。役所を動かし業者を動かし震災2年後2013年12月1日、津波を受けた元の地に新築で再開を果たした「ゆりあげ港朝市」。

　現在はカナダ連邦政府から支援を受けた「メイプル館」と共に、嵩上げの始まった現場を片目に見ながら多くの人々を迎えている。2015年1月11日には朝市は主催者発表、来客者数を1万5千人と報じた。理事長桜井広行氏の絶対的な行動と一丸となる組合会員。現在も復興に意欲的に活動している太田稔郎氏（現在県議会議員）。「ゆ

2019年10月：名取市災害メモリアル公園（閖上）

2019年11月：過去の津波を伝える石碑（閖上）

りあげ港朝市」商業施設は市民を大きく支えている。「市」にはボランティアとして静岡県立磐田農業高等学校の先生や生徒さん、秋田県横手市の皆さんなど、多くの人が各地から駆け付けてくださった。ミュージシャンや大道芸人などもイベント開催としてボランティアで毎週多くの方々が駆け付けてくださった。現在も毎週イベントを重ねながら来客おおよそ4千人〜8千人を数える。毎週金曜日にイベント情報を携帯メール会員に発信。個店それぞれの企画イベント、朝市組合としての企画イベントなど、集客の基本をきちんと実行している商業施設である。SNSの利用で遠くにいても現場がよく窺えるシステムを組み込んだ復興の優等生だ（開催日は日曜日・祝日6時〜13時。38会員店と数店参加で開催。敷地隣は「カナダ−東北友好記念館ゆりあげキッチン＆ギャラリーメイプル館」がある）。

【2015年8月　第14回学会より】

　鈴木睦子氏は第1回東日本大震災被災地商業施設視察研修に参加。学会でこのように報告した。

「閖上湊神社に津波で倒れていた石碑があった。こう刻まれていた。『地震があったら津波の用心　昭和8年3月3日』。昔から津波はここまで来ていたことを伝えている。東日本大震災、この事実をきちんと後世に伝えていくことが復興の第一歩である。避難された人々が地元に戻ってきてよかったと思える住みやすい町作りをしてほしい」

　最後に、何度か津波に襲われた経験から崖の上に住居を構えた唐桑町の祖母が、避難所として21人との団体生活を受け入れた事例で締めくくった。

【2019年10月（8年目の検証）より】

　40店舗、軒を並べ2013年12月にオープンした「ゆりあげ港朝市」は毎週日曜日に開催される。近隣仙台市内や多賀城市、岩沼市などから順調にお客様を集めていた。

　閖上の土地利用計画2次防御ラインを挟んで海側（東）を工業用地、西側の57ha（嵩上げ部分T.P.5m＝32ha）を住宅地と商業ゾーンとして復興している（参照：名取市HP）。中心を成す商店街は名取川の河川敷きを抱き込む形で「かわまちてらす閖上」として2019年4月に25店舗でオープンした。飲食店、水産物店、スイーツ、野菜マルシェ、美容室、コインランドリーなどの複合商店街としてのスタートである。その周りには商店街を形成する形で店舗出店の工事が進んでいる。生鮮6品や日用雑貨品を販売する店は2020年4月にスーパー「イトーチェーンフーズガーデンゆりあげ食彩館」がオープン（店舗面積1,279坪）する予定である。

　軒を連ね復興にこぎ着けた地元酒造会社、閖上の未来を背負って立つ40代、佐々木酒造店の専務様よりお話を聞いた。すべてを失ったにも拘らず強靭な精神力で復活されたストーリー。全国からの支援と国からの復興支援、人と人との「絆」を強く噛みしめていた。

　閖上の将来を、こうありたいと描く姿に、明るい未来を感じる。

岩沼市

　災害発生時、市民ボランティアが早々に立ち上がった。2か月後に目にしたのは、全国各地から送られた支援物資などが一角に集められ広い床に置かれていた光景だ。市民は必要物資をそれぞれに持ち帰っていた。民間の活動は早かった。そんな姿に「民間の力をお借りして、行

政はあまり先走りしない」と井口市長の方針を耳にした。役所は市民の意見に耳を傾けながら素早く協力体制を確立していったようだ。復興の旗頭として聞こえていた岩沼市玉浦地区。地元出身の学者が中心となり内陸2.5km玉浦西地区に被災者たちが集団で移転先を決めた。「フーズガーデン玉浦食彩館」は2015年7月7日にオープンした。生鮮食品及び一般飲食料品・雑貨を扱う隣町に本部を置くイトーチェーンのスーパーだ。日常生活に必要な店として仙南地区に久しく愛されている。視察した2015年10月30日には、すでに周囲に住宅が建ち並んでいた。商業施設も整い復興タウンとして形をなしている。面構えもよく商業施設の役割といえる姿を安心して見ることができた視察であった。

宮城県南部海沿い

【2015年8月記述より】

　JR常磐線、常磐自動車道、国道6号線を越えて3.5km先、内陸まで広く津波が押し寄せた。常磐自動車道から海岸まで一帯は、ほとんど壊滅状態であった。

『鳥の海ふれあい市場』2014年10月4日オープン。亘理町荒浜『にぎわい回廊商店街』（6店舗）は2015年3月にオープンしている。亘理町内陸に位置する復興商店街は『ふるさと復興商店街』（18店舗）として現在進行中である。

　私は海沿いの2商業施設の復興に関わることになった。そこで大きな問題に直面し、「時すでに遅し」の苦い経験をした。亘理町や地元商工会が絡む復興事業である。行政や開発業者、出店者、地元建築設計事務所、施工業者で事業が進められていたが、アドバイスに入った時点ではすでに図面も見積もりも出揃っており、復興を急ぐことで商業施設の本質が反映されないまま時間が経って

2023年9月：鳥の海ふれあい市場。3年前まで看板が無かった。商業施設の顔が見えてきた市場

2023年9月：荒浜にぎわい回廊商店街

しまっていた。何とか商業施設という機能が発揮できるようアドバイスしてほしいと求められてもすでに進んでいる方向や作られた建築物を替えることはできない。ゾーニングや客導線、作業導線の見直しで配置を変えようにも随所に無理が生じてくる。建築は単に建物という器を作ることだけではなく、商品とコラボレーションしていかなければ成り立たない。商業施設はお客様と共に時の流れの中で進化する生きものでもあることを理解することが必要である。

　一物件、進行途中で関わった物件がある。復興に掛かる費用の一部を企業から支援してもらい事業は進んでいた。復興事業にいろいろなしがらみも見え隠れする。建築コストが抑えられず出店者は苦慮していた。工事見積金額は震災前の単価をはるかに超えていた。たとえ混乱期であろうと2～3割は工事金額を抑えられるだろうと思われる見積書が多く見られた。工事金額は国と県が合わせて負担率3/4、負担は国民の税金である。モラルに欠けた姿勢で見積もりを出す業者もいた。このような活動を通じて、復興の在り方として行政で商業施設復興に関わるルールを事前に作るべきではないかと考える。後悔を繰り返さない復興活動を進めてほしいと願っている。

　現在では南部の山元町や北部の名取市閖上地区、仙台市若林区藤塚地区には明確なコンセプトを掲げた商業施設が復興されている。挟まれたこの地区は集客方法に今でも揺れている。

福島県

【2016年8月15回学会より（2015年10月視察研修、福島編）】
　東日本大震災発生から5年7か月経過、被災地商業施

設の現状はいかに。今置かれている現状を把握すべく福島県の視察研修を実施した。宮城県仙南地区から南下し、新地町、相馬市、南相馬市鹿島区、浪江町、双葉町、放射線量の高いところを通過していわき市、翌日は二本松市、岳温泉、福島市のフルーツラインまでのルートである。現地では被災者の生の声を聞いた。到底マスコミに取り上げられない、驚くようなお話も出た。福島県は岩手県、宮城県の地震と津波による被災以外に人災ではないかといわれる原発被害が大きくのし掛かっていた。放射線量の少ない地区においても「福島」と名がつくだけで大きな風評被害に悩まされていた。情報とは何か、その必要性と役割の重要性を強く感じた視察であった。

　視察先別にそれぞれ時系列で以下に列記する。

- 新地町・鹿島区

　福島第一原発から北へ53km県境の福島県新地町、鹿島区は地震と津波で大きく被災したにも拘らずその状況を取り上げるマスコミはほとんどなかった。マスコミは原発の被害を多く取り扱い、繰り返し報道していた。この地は忘れ去られていたように思う。国道6号線沿いには沿岸から流れ着いた漁船が方々にあり、年を越えてもなお数年放置されていた。

- 鹿島区のＳ菓子店

　震災の6月に店主より地震被害調査とその復旧工事の見積もりの依頼があった。基礎は崩れ壁と天井は大きく落下していた。多くの柱は縦にヒビ割れしていた。見積もりは5千万円を超えた。復旧は不可能と新築を決断した。地震は必ず来ると店主は大きく地震保険を掛けたやさきの出来事だった。国に補助金を求め、慣れない書類

を作成し申請。書類が受理され補助金と地震保険金を合わせて資金調達をし工事に着手した。店主は早々建築業者へ工事の仮依頼を取り付けていた。業者は工事着手準備を終えており工事に着手し復興した。店は海から3km内陸にある。そこには国道6号線沿いに船が流れ着いていたままの風景があった。

▪ 常磐自動車道、鹿島サービスエリア

南相馬地区の復興の旗頭として、地元各企業の商品を主軸に販売していた。その商品を見ると、生鮮食品が少なく乾物類が多い。漁業関係者には原発汚染が重くのし掛かっていた。鹿島区のS菓子店の新商品『まいたけおこわ』が売り上げナンバーワンだ。復興に向けて新商品を開発し販売している姿に復興への強い志を感じた。一般道の走行車も利用できるサービスエリアになっており復興した商業施設の少ない地区にとっても便利な商業施設である。地域の顔がはっきり見え機能的に整った商業施設である。

▪ 南相馬市小高区の松月堂

2011年9月緊急時避難準備警戒区域解除後まもなく、復旧工事を経て2年後に再開した南相馬市原町地区の商業施設を訪ねた。経営者の本音を聞きたく、避難時から復旧復興までの出来事を生の声として、忌憚なく話してほしいとお願いした。詳細は後述する。

▪ 浪江町

視察参加者の名簿を事前に提出し役場の許可を得なければ町には入れない。町はゴーストタウンである。物々しい警戒区域。商店街は震災当時の倒壊したままで、正

2015年10月：工事中、浪江町清戸地区の海岸風景

2015年10月：浪江町商店街一角（被災当時のまま）

しく廃墟である。目に見える人影は解体作業員や除染作業員だけである。浪江町役場は帰町準備室を設け職員20人ほどが静かに仕事をしていた。車窓から見える景色には除染された黒い袋が至るところに大量に横たわっていた。それは別世界に迷い込んだような不気味な光景であった。海岸近くの全壊した建物は重機により取り壊され撤去作業中である。津波で防風林もなくなり遠くに水平線が見える状態。町は早い帰還を願っているが全く先が見えない。商業施設など考えられない光景だ。浪江町商工会は福島県中通りの二本松市に避難中である。翌日避難先に伺い、今後の復興計画の話を聞いた。

- 放射線スクリーニング

　放射線スクリーニングとは車体などの放射線量を検知器で調べ、除染クリーニングする作業のことである。許可を得て浪江町の汚染地区に入る。希望により帰りには出口の数か所でスクリーニングを受けることができる。必須でないところに疑問を感じる。

- いわき市小名浜港

　商業施設はほぼ再開していた。既存商業施設の同商圏に大型ショッピングセンターの出店計画がある。「地域の復興として雇用をもたらす」を掲げテナント募集をしている。面積は過剰とも思える大きい商業施設である。今まで構えてきた地元商業施設との共生は難しいのではないか。湾内に長い橋を建設中。必要か否か、税金投入に疑問の意見が交差していた。

- いわき市泉滝尻「たまごの郷」

　双葉町と大熊町にまたがる福島第一原発。その大熊町

で新店舗を構え売り上げを伸ばしていた矢先の事故。翌
日避難指示が出された。その後大熊町に戻ることは叶わ
ず、いわき市泉滝尻に店を構えるまでの復興体験のお話
を大柿社長よりいただいた。冷たい視線に翻弄された避
難生活、再建を願い40か所ほど再建地を探したという。
不動産取得から復興支援金の申請など慣れない書類作成
を経ての復興活動であった。詳細は後述する。

▪ フルーツライン「あづま果樹園」

　風評被害を直接受けている。周辺の果樹園経営は扱い
商品に食物汚染が心配であるとし顧客の注文数をだいぶ
減らしていた。売り上げは3年間、震災前の半分であっ
たと顔をこわばらせる。現在は8割まで戻ってきている
が、いつまで続くのかわからない風評被害に悩まされる
不安な毎日である。福島ブランドは「原発の名前に福島
が入っているので福島県全体が風評被害を受けている」
と、吾妻専務のいたたまれない思いと怒り、複雑な心境
が話の中に強く窺えた。

▪ 岳温泉宿泊施設「あづま館」

　福島県中通り二本松市安達太良山。風評被害を直接受
けている。宿泊客は4割減、このままではいけないと震
災から3年後、新規に若い顧客をターゲットとして施設
とサービスの見直しを図った。最近は震災前の売り上げ
近くまで戻ってきているという。
　女将からお話を伺った。商業施設は「経営の基本に立
ち返り再度見直し実行することによりお客は振り返る」。
風評被害に言い訳を求めるのではなく、商業施設は日々
進化することが大切であると、女将から学んだ。

会津地方

　福島第一原子力発電所より遠く100km離れたこの地も風評被害の影響を強く受けていた。観光客はほとんど足を運んでいない。復興アドバイザーとして地元商工会を通じて商業施設5物件から相談があった。従来の厳しい環境にさらに追い打ちを掛けられた状態であった。先の読めない環境に焦りをつのらせるばかりであった。

▪ 福島県内陸中通りの商業施設

　食料生産・食品販売はいまだ風評被害に悩まされていた。農業産出額は2008年と比べ18.2％減。米は全国4位から7位に下降している。個店の売り上げも大きく落ち込んでいる。売り上げの減額分を東京電力より保障されているというが、この先の情報に不安な思いを寄せている。観光客入込数は2010年と2014年を比べると中通り9.4％減。福島県合計伸び率は18％減である。農産物は売れず、温泉宿はお客が激減、いずれも先の見えない言葉が飛び交う（参照：福島県HP「福島復興ステーション」）。

　このような福島の現状のまとめとして後に行われたパネルディスカッションを記す。
　2016年8月、第15回日本商業施設学会全国大会が開催され、基調講演及びパネルディスカッションが行われた。2015年10月実施された福島県の視察研修に参加した鈴木理恵さん、鈴木睦子さんと共に行われたパネルディスカッションを通じて福島の状況をさらに記述してみる。

【題】第2回東日本大震災商業施設視察研修
　　パネルディスカッション
1. 基調講演
飯塚康司（マイスター商業施設士）による視察の報告
2. パネルディスカッション
司会：飯塚康司（マイスター商業施設士）
パネラー：鈴木理恵（文京学院大学非常勤講師）・鈴木
睦子（マイスター商業施設士）

　各自パネラーのレポート報告に沿って進められた。
　風評被害に悩まされている福島県。正しい情報とは何
か、情報の必要性、役割、重要性そして報道の在り方に
対し提言した。
　視察先ルートとは宮城県南部から始め、

①復興タウン玉浦地区
②宮城県亘理町「鳥の海ふれあい市場協同組合」・「荒浜
　にぎわい回廊商店街」。ここから福島県に入り、
③常磐自動車道南相馬鹿島サービスエリア
④福島県南相馬市復興事例「松月堂」
⑤浪江町商店街、海岸地区、役場
⑥スクリーニング
⑦常磐高速道走行、放射能汚染数値表示
⑧いわき市へ向かう車中にて中小企業基盤整備機構様に
　よる福島の現状説明
⑨いわき市泉滝尻、復興事例「たまごの郷」
⑩いわき市湯元に宿泊、参加者による意見交換会
⑪いわき市小名浜地区、小名浜市場とその周辺
⑫浪江商工会の避難先二本松市にて会長より講話
⑬二本松市岳温泉「あづま館」復興支援食事

⑭福島市フルーツライン「あづま果樹園」まで

のルート。福島県が置かれている現状について、宮城県
との違いがわかるようにと、福島県沿岸部から福島県内
陸部まで県境をまたいでの視察である。
　県境を越え福島県に入る。県を境に景色の違いに驚い
た。この地は岩手・宮城とは一括して捉えることができ
ない。マスコミの扱いも福島県という代名詞で被災をさ
らに風評被害にまで大きくした。4年半経っても建物は
人のいない当時のままである。放射能汚染は目に見えな
い。その影響は非常に長く続く。パネラーの鈴木理恵さ
んは目に見えない放射能汚染を「無色透明の悪魔」と表
現した。現在も放射能は排出されており、この先30年
もかかるといわれる事故処理の完了まで排出され続ける
可能性が高い。放射能値については避難解除が検討され
ている浪江町東側で0.4mSvであるが、この数値は東京
の10倍にあたる。この先何年も放射能を浴び続けるこ
とになるであろう。浪江町を含む被害地域は人が住んで
はいけない地域とするべきではないかという発言も出る。
以前の状態に戻るには数十年は掛かる。居住し仕事をす
る生活はできるのだろうか。若くお子さんを持つ家庭は
避難先で10年15年と過ごす。その間子供たちは、後に
そこをふるさとと思えるくらいの濃密な時間を過ごす。
居住可能と期待を持たせても戻る住民はどれほどいるの
か疑問である。事故そのものは国のエネルギー政策の下
で発生した出来事。国の責任において管理すべきと投げ
掛けざるをえない。この時点でも辛い生活をしている人
はたくさんいる。多くの商業施設経営者は職住一体の生
活を成り立たせてきた。それは再建不可能と判断せざる
をえない。

- **復興事例**

　最初に挙げるのは「松月堂」という老舗菓子店。家業として営んできた菓子業は世代交代も重要なファクターである。避難先で子育てをしている若い後継者を呼び戻して家業の継続を描くことは、引き継ぐ若い次世代にとっては先の見えない不安な人生に飛び込む大きな決断である。その地で歴史をひもとき菓子に名前を付け伝統を伝え続けようとした菓子を絶やしてはいけない。災害に負けるものか、必ず復興してやると命名した新商品バームクーヘンの『樹望（きぼう）』。何があろうと歴史は年輪のように重ね続け成長していくという思いは復興への願い、そして家業の継続を物語るものである。

　復興事例「たまごの郷」は、辛い避難生活を過ごしながらも描いてきた企業イメージを1次産業たまごの生産、2次産業たまごを軸にした食品加工、3次産業加工された商品の販売と、6次化産業を見事に形にした事例である。わかりやすい命名「たまごの郷」ブランドは商業施設において大きな要素を実感させられる。製販一体化とブランド力は商業施設において必須不可欠な条件である。さらなる発展を続けてほしい。

　福島市のフルーツラインにある「あづま果樹園」のケース。放射能の直接的な影響が低い福島市であるが風評被害として大きな影響を受けていた。原発事故以降「福島産」であることがネックとなり売り上げが大きく落ち込んだのだ。危機を感じ、関東・首都圏へ出向き移動販売を行ったという。商品の安全性を訴えてもなかなか売れなかった。持ち帰り廃棄するしかない、ならばと商品を投げ売り価格にすると、まもなく売れたという。安全性を気にしていても結局価格なのかと人間不信に陥ったそうだ。このような現状に対してマスコミによる正確な情

報が必須である。「消費者がきちんと実態を理解する」ということも復興には欠かせない大事な要素である。

　昼食をとった岳温泉「あづま館」の女将のお話。風評被害に翻弄された業績回復のために、フロアーを絨毯からフローリングに改装し安いランチバイキングを提供することで新たに若いお客を集客に結び付けると奮闘していることを伺った。困難な状況にあっても力強く前向きに取り組んでいる商業施設がある。被災地であろうが人口減少地区であろうが低迷している商業施設を活性化させるにはやる気のある企業家を積極的にサポートする行政のシステムが必要であると学ぶ。

　鈴木睦子さんはこう訴えた。

　「避難先で遠く離れた住民は、絆を大切に、自然に恵まれた里の生活が戻るまで長い道のりを頑張っている。その姿に応援したい気持ちになりました。一方でどうにもならないと思える現状の中、行政主導による復興事業への憤りとかが複雑に入り混じり、誰のための復興なのかと考えさせられました。以前のような豊かな町並みに戻れるのか、人の気配のない商店街は4年経っても崩れたままの姿です。地元の意見と現状を把握して真の復興となるために、しっかりとした被災地対策を再検討すべきだと強く感じました」。そして司会者は、「最後に確認しておきます。福島で作られている東京電力の電気は原子力発電10基、火力発電1か所、水力発電15か所で作られています。それはすべて福島では使われておりません」と締めくくった。

■ 補助金・補償金

　復興の後押しとして資金面で大きな決断の支えとなったのは国や県の補助金や東京電力の補償金であった。そ

れは経理上その他の雑収入所得として所得税の対象となる。実質的には大きな税として決算期に納税しなければならない。経営者は納税のために再度重複して借り入れを起こして納税した。補助金の全額を復興に有効活用されない現実。不意打ちされたような思いで、経営者は借り入れを増やした。この現実を何とかしなければならない。雑収入に計上しない方法や、納税時期を数年先に分けて納めるとか。商業施設は開業してすぐに売り上げが計上されるとは限らない。導入期、成長期を見据えた対応が必要であると改善を求めたい。

▪ 原子力発電において

　最近のニュースで原発の再稼働が行われつつあるという報道を耳にする。福島の出来事をどれだけ把握し状況を認識しているのか疑問である。ひとたび事故が起きれば個人の生活を壊し、コミュニティーを壊し、地域経済も壊してしまう。

　鈴木睦子さんは「私は原発絶対反対です。原発を使わないで過ごした時期があった。原発を作るなら永田町に作ればよいのにと思ってしまいます」と発言。鈴木理恵さんは「日本は地震国といわれるように、人口の多い国で地震災害の多い国です。他国の原発の稼働事例は日本には当てはまらない。少子高齢化で人口が減ることにより産業活動も減るだろう。当然将来の電力使用量も減るのではないか」と発言。過去から現在そして未来へとエネルギー問題は必須である。豊かな生活を求めるために、多くの物を生産し世界の隅々まで移動させ、不便と思われるものを便利にし、お腹いっぱいの食事をし、したいと思われるもの、こうなりたいと思うものを実現させる。それには多くのエネルギーが必要であると考える多くの

人がいることは事実だ。便利とは何か？　豊かな生活とは何か？　幸せとは何か？　人類の進化とは？　それぞれ人によって考えや受け止め方に違いはある。私はこう考えて生きている。少々不便でもよい、自然の中で自然を佳なしながら、不便と感じるものを工夫という方法で克服し、少々汗を流してもそれを生きる喜びと感じながら日々を過ごせるならば。人はそれでも時間を費やせずに思いを叶えようとするのならば「人間がコントロールでき理解できうる科学」で進んでもらいたい。

■ 追記
　福島視察の実施に至った経緯を付け加える。
　東日本大震災被災地福島県は宮城県、岩手県と全く違う性格の災害である。沿岸地区は同じ津波被害を受けている。そこに原発被災が重なっている。復旧の仕事で訪問していたお店のご主人から息子は福島を離れ親せきや知人宅に避難していることを聞かされた。溜息と共に出た言葉は「もう息子夫婦や孫はここに戻ってこないのではないか」。現地に残った家族の心境は計り知れない。被災地は静まり返り、この異様な風景は日本ではない別世界と錯覚してしまう。放射能汚染が頭をよぎり、早く仕事を終えてこの地を離れたいと思ったことも事実である。国道6号線沿いに打ち上げられた多数の船は数年間放置されたまま雑草で埋まっていた。4年半震災避難当時のままの景色は至るところに見られる。この地はこれからどのようになって行くのだろうかと想像もつかないまま時間が経っていた。言葉に表現しきれない現状を、視察という形で伝えることを選んだ。今回研修を企画するにあたり半年前から現地に足を運び、現状把握に各地を視察し回った。一番に気にかけたのが放射線量である。

研修コースでどれだけの放射線量を受けるのか、コースと滞在時間を掛け算して算出した。国の安全基準範囲内で計算は終え、募集条件の最後に「自己責任でご参加ください」という言葉を付け加えた。目に見えないものには不安を感じた。全く人気のない商店街を車で一人走るのは勇気のいることだった。訪問先でインタビューを重ねた。質問をするのに、これほど言葉選びに悩まされたことはない。現地の方はいつでもピリピリしていた。補助金や補償金をいっぱい貰っているだろうといわれてしまう辛さは計り知れない。

「私たちの一生はどうなるのですか。返してください、元に戻してください」

この言葉に一体誰が答えてくれるのだろうか。

自らが関わった復興事例から見る被害状況

マルニ食品株式会社、「麺や文左」新規オープン

震災2か月後の5月のことである。使われていなかった70坪の住宅を改造してお店を作りたいと連絡があった。仙台市より北へ3時間掛けて登米市に入った。この地は震度7を記録している。アスファルトは歪み道の中央にはマンホールが数か所30cm突出していた。店を作りたいという現場に到着すると、目の前には大きな武家屋敷に見られるような門が倒れていて入口を塞いでいた。乗り越えて入った敷地の向こうに、奮い立つ彼女がいた。社長、二階堂玲子さん。住宅を改造して「うどん屋」をオープンさせたい。そういうマルニ食品のうどん製造工場ももちろん被害を受けていた。当然のごとく地元から勤めている200数人の社員の全員が被災者である。負け

てたまるかと下を向く社員たちに勇気と希望を与え、復興への思いをもとに社員たちと共にエネルギーを燃やしたいという。

　打ち合わせが始まった。プランを進めるごとに問題が次々と出てきた。住居の改装で用途変更の手続きが必要、現状では消防法に合致せず、許可を得られる工事をするには材料が手に入らない、材料価格は高騰している、手続きが必要な土木事務所や消防署は被災の対応に毎日タイトなスケジュールで仕事をしており、申請書類のチェックや立ち合いはいつになるのか予測がつかない。工務店（平山建設）は復旧工事の依頼が100件を超えており、工事の確約ができないという。

　しかし、オーナーはそれがどうしたと言わんばかり。「絶対に復興させる」という気概は壮絶なものだった。彼女は従業員と共に震災翌日よりトラックに乗り込み、家業の食品2万食を避難場所、被災者に運び続けた人物である。途中途中の道は傷んでいてトラックは上手に走れない。行く道に見える樹木に死体が引っ掛かっていたという。それでも彼女は運び続けた。私は覚悟を決めた。土木事務所、消防署の手続きは先送り（オープン後対応済み）とし工務店（平山建設）を説得し、3週間後工事着工の約束を取り付けた。必要な飲食店営業許可を取る具体的な打ち合わせや工事を進めると、数々の問題が浮上してきた。厨房床フローリングは営業不許可の指導を受けた。この緊急時に何を言っているか、諦めるわけにはいかない。私は必死に調べ裁判で許可を得た県外事例を引き合いに1か月掛けて保健所の許可を得た。工事中に消防署はひそかに現場を見にきていたようだった。

　2011年10月「麺や文左」はオープンした。みんな笑顔で向き合った時だった。

いまだに思い出す。「絶対に復興させる」。あの気概あるエネルギー、社長二階堂玲子さんには完敗の思いである。

株式会社佐々直

震災3日後、被害状況を知るために私は佐々直中田バイパス店に伺った。奇跡を乗り越えての帰還であった佐々木社長と出会った。社長から最初に聞いた言葉は今でも耳に残っている。表情や言葉は従業員の安否を深く受け止めてのものだった。津波が来ると聞きすべての従業員を帰宅させた、その後の出来事である。後日従業員5人が津波に呑まれたことを知ることとなる。誰のせいでもない、自然は予想もつかない、想像を超えた被害をもたらしたのである。

震災当日、名取市閖上にある本社棟に社長は一人残った。津波が押し寄せ2階に避難した。水平線と平行に横一直線に白波を立てて第2波が迫ってきた。屋上に向かったがドアが開かない。倉庫にあったパレットを積み上げやっとタラップに手が届いたという。幸いに手前の壊れた建物が波消しとなり助かった。その夜は2階倉庫で過ごした。周りの景色は一面海水で形を残す建物はなかった。恐怖と不安で過ごす一夜、夕方はしんしんと冷たい雪が降り積もっている。夜に雪が止み、見たことのない満天の星空であった。底冷えのする夜、ほとんど眠れない夜を過ごしたという。商品の笹かまを食べた。飲み水はない。朝の景色は一面が瓦礫の海だった。それを乗り越えながら中学校そして小学校へ徒歩で向かった。やっと家族と出会えた瞬間である。社長はガラケーで黙々と写真を撮り続けた。その記録は恐怖と隣り合わせだった。本社跡地は災害危険区域に指定され地元での復

3月11日16時31分社長撮影：津波の高さは9〜10m。正面に見える日和山を一瞬で呑み込み、石碑3基を押し流した。祠のあった山頂には、民家が波に押し上げられた

6月10日社長撮影：閖上本社の被災全景。塔屋から写真を撮り続けた。塔屋のある2階で一夜を過ごす

興は叶わない。本社より内陸にある中田バイパス店の床は大きく割れていた。応急処置をして震災1か月半後の4月25日、隣接するバイパス工場と共に商業施設は再開した。半減した工場の生産能力では生産に限度があり震災特需を横目で見る形でいたたまれない思いを体験した。5km内陸の地にプレハブ工場を建て、工場を再建したのは震災から1年後のことである。その後5m嵩上げした閖上地区に2019年4月閖上の商店主たちが中心となって「かわまちてらす閖上」新店をオープンさせた。本社のあったところから150m先にある閖上日和山には昭和8年3月3日に発生した昭和三陸地震で津波が押し寄せたと記した石碑がありそれは今回の大津波で倒れていた。

お茶の井ヶ田株式会社

　仙台を中心に東北や関東圏に50数店舗展開しているお茶の井ヶ田。正月の初売りで全国ニュースになる店である。基幹店の一つである喜久水庵多賀城本店は津波に襲われた。ほぼ1階天井まで津波が押し寄せ店内設備はすべてなくなり車や瓦礫が店内を埋め尽くしていた。何が起きたのかいまだに理解できない。無言で震えていた自分を思い出す。早坂店長の誘導でお客様と従業員は近隣の歩道橋に駆け込み全員一命を取りとめたと聞く。建物は修繕不可能と判断し建て替えを決意した今野会長。再建したのが震災翌々年2013年1月のことである。職人は足りないし、建築材料は高騰している。工事を担当した工務店、信頼高い山崎専務の人脈は職人を動かした。建築設計士、辻本慶一先生と協力しプランから4か月目の完成であった。復興の喜びを地域住民と共に味わった。

　仙台市の西方に位置する秋保地区に計画していた「秋保ヴィレッジ」。東日本大震災で一度は遠のいた案件で

ある。実質プランは翌年2014年の1月に再開した。プランは震災の影響を受けながらも前に進んだ。仙台市は6次化事業に匹敵する計画に、地域復興へのエネルギーになると後押ししてくれた。行政書士の千葉氏は重なる難題をクリアーし手続きが進んでいった。工事は着工したものの、資材は高騰していた。職人も復興工事にいまだ追われ手配の難しさを体験した。地震対策を設計に加えながら2014年7月2日グランドオープンにこぎつけた。活性化の目玉である地域農産物の販売は順調に伸び、秋保地区の観光人口をも押し上げた。下向きだった震災の影響は徐々に解消していった。オープン時は60軒の農家さんが農産物や加工品を納めていた。今では300軒を超えている。

　施設はお茶の井ヶ田株式会社が中心となり地元秋保の生産農家さんたちと新法人を立ち上げ、歴史ある山里、秋保の農業や景観の保存を図ろうと進めた農業観光施設ともいえる。今では市民のオアシス的存在に成長し秋保温泉街の振興に絶大な影響を与えている。

お菓子の松月堂復旧工事

　福島第一原発から北へ約22kmの位置。2011年9月緊急時避難準備警戒区域解除後、まもなく南相馬市原町区にある商業施設、松月堂の復旧工事をした。

　福島県小高区に本店、原町区や相馬市に支店を構え菓子販売店を営んでいた松月堂。原子力発電の事故により経営者横川さんご夫妻は福島市に緊急避難していた。早く現地で復旧しなければいけないと思いを募らせるが自宅兼本店のある小高区は帰宅困難地区に指定されている。結局、南相馬市（旧原町市）にあった支店での復旧を決断した。避難先、福島市から南相馬市（旧原町市）へと

毎日車で往復し通っていた。このコースは放射線量が多く全村民が避難を強いられた飯館村を通る60kmの道のりだ。若者は放射線量が多い地区に近寄ることを避けていた。大手建材メーカーの中には福島原発の周辺に近寄ることを禁止していた会社もあった。私は職人の皆川氏（59歳）と南相馬市（旧原町市）現地に入った。お店はほとんど閉まっていた。ガソリンスタンドだけは営業していた。行き交う人はまばらである。目に見えない放射能を吸わないようにと、無言での意思疎通である。全員マスクを着用しているその脇を他県の警察車両がパトロールしている光景は不気味であった。

　工事に必要な材料を仙台市内でハッチバック車に載せられるだけ調達し現地へ向かった。被災した店内の片付けと、とりあえずの復旧工事である。無言での作業だった。茨城県の同業者と息子たちが栃木県へ避難してお世話になっているお店より菓子を仕入れて薄利販売に踏み切った。このままいつまで営業を続けられるのか先の見えない時間が過ぎていた。店主はさらなる決断をした。2年後の2013年6月1日同地区にある旧市街地に震災で使われていない建物があることを知り購入した。ここに場所を移し「松月堂菓子店四ツ葉店」をオープンさせた。住民は必ず帰ってくる。ここを拠点に情報交換ができるようにと無料喫茶コーナーを併設した。復興に希望の思いを託し、時の年輪を刻むようにと新商品バームクーヘン『樹望（きぼう）』を発売した。復興への願いや思いを形にしたいと、湧き出るエネルギーを美術家、岡林里依さんに描いてもらい店のシンボルとした。

　視察時、横川夫妻からお話があった。経験した復興までの道のりを下記に羅列する。

①被ばく状況が正しく報道されなかったため、被ばく汚染量の高いところを避難経路とする。

②避難先は家族バラバラ、子供の健康に不安を感じた後継者はお孫さんと共に他県へ避難。後継者が戻らない状況では営業再開は不可能。オーナーは廃業を視野に悩み続ける。

③南相馬市で小さな菓子工場を再開するが、汚染地区を理由に配送車が少なく材料の仕入れに悩まされる日々が続いた。一部他県の同業者から商品を仕入れ薄利で販売を続ける。

④社長夫妻は避難先の福島市から帰還解除の南相馬店まで放射線量の高い飯舘村を経由して片道60kmの道のりを車で通う毎日。往復3時間超える。

⑤オーナーは廃業を視野に悩み続ける中、2人の息子さんから再開の意思を告げられる。

⑥東京電力や政府機関からの補償金、復興支援金などを活用して再開。慣れない書類作りに翻弄され続け体調を崩す。社長の精神状態、支える奥さんの苦悩はそれぞれに経験する。

⑦補助金、補償金などはその他の収入になり税金の対象。数千万円の納税を、借り入れを重ねて対応した。

⑧地域と自分たちの活力としたい思いで新商品バームクーヘン『樹望（きぼう）』を発売。

⑨店内に無料喫茶コーナーを設け、被災者の人たちのコミュニケーションの場として提供。

⑩お店が再開し1年を過ぎたが、震災から3年経っても、周りはいまだに2割程度の再開である。松月堂店内は被災者の安否確認や心のよりどころとしての役割を果たしていた。

たまごの郷

　年商2千万円だった「たまごの郷」は自宅のあったお店から移動し大熊町下野地区に新店舗を構えた2年目、年商8千万円まで成長した矢先の出来事である。東日本大震災に遭遇。翌日12日福島第一原発が異常をきたし大熊町にも避難指示が出された。2〜3日後に戻れると誰もが考えていた。しかし、警戒区域に指定され戻ることは叶わなかった。大柿社長は避難先の田村市、その後身内を頼りに茨城県牛久のアパートに移り避難生活をした。「いわき」と刻印されているナンバープレートには風当たりが強く辛かったという。大熊町での再建は不可能と関東や東北を中心に40か所ほど再建地を探したという。大熊町にできるだけ近いところに再建すると切望し、その場所をいわき市小名浜に見つけ農場を再建した。店舗はその隣いわき市泉滝尻に2014年5月「たまごの郷」を再スタートさせた。ここは福島第一原発から直線で約55km離れており放射線量の少ないところ。2013年時点で空間線量は0.5〜1.0μSv。当時、小名浜及びその周辺には一時2万人弱の被災者が避難生活をしていた。原発事故による汚染は北西に流れた。いわき市は南に位置する。この地を避難先にと多くの人が土地を求め地価高騰は激しさを増した。数日ごとに数万円単位で上昇し、3か月後に2倍になった土地もあった。新天地において土地の購入判断は急務であった。新店のスタッフ募集をしたが、避難者の応募はなかった。働く意欲の喪失、東京電力からの一時生活補償金が入っているからといった声も聞こえた。2022年10月現在、いわき市は合計約2万人の受け入れ避難住民がいる中で、この地区は1万人を超える避難住民が住んでいるところである。

再建したいと店舗設計の依頼があったのは震災2年後の夏のことである。海沿いの国道6号線は放射能汚染により通行禁止。仕事の打ち合わせは迂回する郡山ルートで向かう。放射線量が少ないところでもあり復興事業であると若いスタッフ佐藤勝之君は意欲をあらわにする。店舗入口に大きな卵をシンボリックに構え再建スタートの入口とした。後継者になってくれればと思いをよせる息子は避難先から福島には戻らないだろうと大柿社長は悩んでいた。そのご子息は現在経営に参加し年商3億円に迫る成長を果たしている。

　以下は2016年8月第15回学会記述より。
　復興までの道のりを下記に羅列する。経験した各項目に復興への課題が見えてくる。後世へのヒントとしてそれぞれの対応策や解決策が求められる。
　福島原発の現状や被ばく状況が正しく報道されなかったため、店舗状況の把握や養鶏場などの見回りをして避難するまで時間を費やす。
　養鶏場の鶏を生きたまま放棄することを決断し、避難する。その後数十万羽の鶏が餓死。親せきなどを頼り避難先を茨城県とする。
　大熊町への帰還は不可能と判断し、地元復興を諦め全国各地で物件を探す。近隣いわき市小名浜に不動産が見つかり住居を構える。並行して養鶏場の土地を購入する。
　いわき市に住民税を支払わない避難者は、いわき市の住民と摩擦が多く発生している。
　被災者であることを悟られないように生活する気配りの辛さを体験する。
　いわき市泉滝尻に店舗用地が見つかる。1日毎に地価の高騰を経験し、即決で購入する（不動産購入価格、現

2015年10月：大柿社長、スライドにて復興までのあゆみを説明

2014年4月：震災3年後、いわき市泉に再開した『たまごの郷』

在は当時の1.5倍）。

　東京電力から補償金、政府機関からの復興支援金などを活用して再建へ。慣れない書類に翻弄され続ける。短時間で作り上げる書類は専門員がいないとできない作業であった。

　お店再開。求人募集に避難者の応募はない（東京電力からの一人10万円／月、生活保障の支給金額で生活することができる）。いわき市の住民のみが応募してきた。この背景に補償金の受給ルールが疑問視される。

　高額な補助金受給の後、雑収入による高額な所得税。借り入れを起こし数千万円の税金を支払う。

　最後に、どうしても気になる事実を追記する。

　大熊町の隣町双葉町の避難住民。その家族は双葉町で東日本大震災そして翌日福島第一原発事故に遭遇し緊急避難を強いられた。ご両親とご夫婦そのお子さんの7人家族。避難生活は家族をバラバラにした。この地を離れたくない初老のご両親、仕事を続けるために家族と離れた生活を強いられたご主人、学生のお子さんは一人生活、小さなお子さんを守るべく翻弄する母親。家族は4か所に分かれての避難生活である。そんな境遇の中で、大好きな中島みゆきの歌を噛みしめながら、生きる力に涙を流す奥さんの姿はいまだに忘れられない。二度と双葉町には戻れない。いわき市で避難生活を続けた8年後、いわき市のこの地に定住しようと決めて住宅を構えやっと皆が寄り添える家族との新生活が始まった。そんな矢先の出来事、引っ越しを終えたその年の9月に台風19号により夏井川が氾濫。新築住居は床上浸水に見舞われた。自然災害や人災に翻弄された時を過ごす出来事である。

ペット事業「あかりテラス」

　私は中小企業基盤整備機構から「東日本震災復興アドバイザー」を仰せつかった。岩手県、宮城県、福島県と商業施設の復興へのアドバイスに、延べ100件を超える業務に携わった。そんな時、訪問先各地から静かに聞こえてくる声があった。

　悲惨だった数々の体験、津波で多くの人が亡くなった。被災し食べ物や居場所もない中、声を上げてはいけないと気持ちを抑えている人たちがいた。ペットを飼う人たちである。津波が押し寄せてきた時ペットが泣き叫び突然山の方へ走る、その姿を無我夢中で追い掛けた家族は「この子に命を救われた」という。愛犬を抱きかかえ津波から逃げ助かった、その愛犬が今度は「私の孫を交通事故から救ってくれた」「この子、震災当時からずうっと震えが止まらないんです」。

　被災者に限られた食料の配給、隣ではペットが食事をしていた。「食べる物がない俺には異様な光景に見えて腹が立った」と言う人もいた。津波が高さ3mを超えた仙台空港、駐車場を経営していた若主人が波に呑まれ、そのお母さんは愛犬を助けようと波に飛び込んだと聞く。出張の度、元気な笑顔で声を掛けてくれた親子とその愛犬の出来事である。

　人気のない町や道をさまよっているペットを多く見掛けた。毛並みは荒れていた。交通事故に遭遇したのだろう、道端で倒れているペットを見掛けるようになる。

　避難先では「うるさい、臭い、怖い、嫌い、ペットアレルギーが」「自分たちの食料もないのに犬猫に食わせる物などない」と、いろいろなトラブルがあった。避難所に入れずペットと車中泊を続けた人、半壊した自宅に

戻り生活している人もいた。家族同様でありながら行き場のない愛するペットたち。統計によると日本人の3割の人がペットを嫌い、3割の人がペットと生活を共にしていると聞く。今まで考えもしなかったペットとの避難、行政は慌てふためいた。

　道端で亡くなりそのまま放置、いつの間にか消えていく姿。ペットが亡くなると多くはごみ焼却炉で終えるという。このままではいけない。大切なペットたちを家族と同じようにしてあげたいと私たちは商業施設「あかりテラス」を立ち上げた。事業内容を端的に説明すると、生ごみ同然で扱われるペット火葬を家族同様に扱うペット火葬業であるが、家族に寄り添う「寄り添い業」として行っている。

　2013年に企画をスタートし着工、2017年9月にオープンした。この事業は公的にも必要不可欠な施設である。現在でも愛でるペットの終末に立ち会う家族は震災当時の出来事を振り返り涙を浮かべて虹の橋へ見送っている。

　震災後11年目、「あかりテラス」のある仙南地区や岩沼周辺11の役所を訪問しペットとの避難についてインタビューをした。結果はほとんど「いまだ検討中」という回答。「検討に挙げていない」が1行政、完全ではないが避難ルールや連絡受付先、一時受け入れ先を確保しているところは1行政だけであった。

災害別ごとに見る被害状況

　ここでは、特殊な事例として「津波被害地」や「原発被災地」に言及している。二度と起こらないでほしいと願うばかりだが、東日本大震災の一部としてしっかり状況を見つめる必要があるだろう。

　ここでも、状況をリアルに伝えるため当時のメモを引用する。

津波被害地

　商店街が壊滅。建物がすべて流される。現在建築制限が掛かり、都市計画から始めないと進まない状況にある。2011年12月現在も復旧にめどが立たず。山田町、吉里吉里、大槌、釜石、三陸町、三陸、大船渡、陸前高田、気仙沼、南三陸、女川、石巻、渡波、閖上、久ノ浜。被災した商店会の一部は中小企業事業団支援による仮設店舗にて営業。

　津波被害地の復興に関して、イギリスの視察で面白い知見を得た。日本では大津波に備えて T.P.7m の防波堤設置工事をするかしないか。行政と民間とで1,000年に一度の大津波に備えて100年もたないコンクリートで固める防波堤を作るのかという激論が続いていた。

　一方、イギリスのジュラシック・コーストは2億5千万年前に形成された地層が露出しているところ。自然遺産に登録されたその海岸はおよそ153kmにわたって延びている。その一部チェシルビーチは、場所によって高さ15m幅200mで小石が重なった帯状の地形2kmの長さで海岸に弧を描いて堤防のような形をしている地形が続いている。海流による浸食や波によって打ち寄せられた小石が積み上がって形成されたようだ。自然が作った、まるで防波堤のような地形だ。堤防の内側にある沼地は地中で海と繋がっている。小石が波に打たれ崩れては打ち上げられての繰り返しでできた地形のようだ。生態系を崩さず再生もできる自然造形と思える。自然の力でできた地形は、経緯の違いでは専門用語でトンボロとか砂嘴（さし）とか砂州（さす）とか呼ぶようだが素人の私にはわからない。

それでも姿かたちを観察すると、小石を重ねて作るという方法で防潮堤工事の参考にならないだろうかと海岸を歩き回った。長い年月で作られたものだが日本ではその姿は代表的な野付半島に見られる。防波堤工事は県指導のもと作るか作らないか行政区それぞれでの判断のようだが、まだまだ賛否両論が続いている。実際に作られている堤防は土を盛り固めその周囲をコンクリート壁で覆い固める手法である。防波堤は海の景色を遮り見えなくする。いざという時に海はどのような状況にあるのか気づかないままでいてしまうのではないか。それよりも常に海の様子が見えて、いざという時に高台へ移動避難するとか可能な地区は初めから高台に住居を構えるよう指導するとか、そちらに費用を向けた方が現実的ではないだろうかという意見を私は持っている。

　青い地球という惑星に生まれた私たちは、与えられた自然の中で生きていくべき。その地で不自由な生活ならばより住みやすいところに移転する。危険であれば自然の姿を変えるのではなくそれを往なしながら生活する。不自由や危険というものから逃れようと自然を大きく変えようとすることは間違ってはいないだろうか。自然界のルールを無視するような考えや行動は結局破壊へ結びつく。人間は傲慢な生き物のように思える。自然を支配することは決してできない。おてんとう様は心配しているかもしれない。

原発被災地

　住民は放射能汚染により避難を余儀なくされた。2012年2月現在、国道6号線沿いの南相馬市南部から楢葉町まで商店街はゴーストタウン。商店街に戻れるかどうか先が見えない。私事であるが八戸から北茨城まで海

岸線で設計施工を手掛けたお客様は60店舗を超える。その内、福島原発による避難が10店舗である。連絡が取れたのは3店舗、他はいまだ連絡の取りようがない状況でいる。

　被災地で復興が進まない大きな問題の一つに放射能汚染の除去作業がある。体に汚染が心配される危険な作業である。人手が足りず、除染に関わる人件費は元請けの見積もり金額で危険手当含め一人1日5万円を超えていた。それでも危険といわれる作業には人が集まりにくかった。一時うわさが流れる。関東や関西で仕事にありつけずその日の労働を探している日雇い労務者の人たちが除染作業に流れ来ているうわさだ。関西に出張した時、大阪の西成区のあいりん地区を訪ねてみた。そこには人気が全くなく、テレビニュースで見られる景色とは違う光景であった。人が一人もいなかった。除染作業に従事している仙台の知り合いに直接に聞いてみた。うわさ通り日雇い労働者が汚染処理作業に従事していることは事実であった。関西から多くの人が来ていたという。現地の飯場で寝泊まりしながら生活をしている様子を話してくれた。仕事と生活は危険との隣り合わせである。それでも、私たちは早期復興を願う。復興へ向ける作業方法や時間を短縮しようとする思いに矛盾を感じる。

　2015年10月。帰宅困難区域の商業施設の再開は全く不可能であろう。避難解除地域の商業施設は12行政区内において、復興したコンビニエンスストアー14件、JA10件、ガソリンスタンド7件、金融・郵便局14件、飲食8件、スーパー3件。3行政区はない（参照：福島復興ステーションHP）。復興事業最前線地区の作業員人口増加に伴い短期（2〜5年？）供給に対応する商業施設の

兆しあり。これをきっかけとし、再建に期待しようとする商業施設もあった。

　前項でも記述したが福島県内陸商業施設においては、食料生産や食品販売はいまだ風評被害に悩まされている。農業産出額は2008年2,505億円、2011年1,851億円、2013年2,049億円、2008年と比較して18.2％減である。代表的果物野菜の全国生産順位は変わりがないが、米は全国4位から7位に。個店の売り上げは震災前の1〜3割減（顧客インタビュー）。売り上げの減額分を東京電力より保障されてきたが来年度から条件変更あり。

　観光客入込数は2010年57,179千人。2014年4,689千人で中通り△9.4％。会津△8.2％。浜通り△41.3％。福島県合計伸び率は△18％である。

　このように、その多くが厳しい現実を投げ返してくるような内容となっている。

（参照：福島県庁HP）

震災特需と復興市

　これまで、被災の厳しい状況を伝えてきたが、それでも希望の光は存在する。

　例えば、「震災特需」と呼ばれるような現象がそれだ。仙台中心部及びお土産系は、前年度対比110％〜150％にアップした（お客様である経営者からの直情報）。それに対し被害の少ない茨城、埼玉、新潟、山形、青森などは前年度対比97〜93％で売り上げ減（お客様である経営者からの直情報）である。

　お隣の県や全国各地の方々が助けになればと積極的に宮城県の名産物・特産物を購入してくれている。しかしその一方で、被災地福島県や宮城県、岩手県の中小商業

施設のほとんどは半年以上が経過しても先が見えない状況にあった。そんな中、災害に直面した住人が声を上げ、悲劇から起ち上がった。「市」の開催だ。特定の期間や日時に1か所に集まり、持ち寄った海産物・農産物や加工品などを販売するもので、「朝市」などが有名である。

このイベントを名取市のゆりあげ港朝市協同組合が他地域に先駆け、被災後16日目で「ゆりあげ港朝市」を開催。また、南三陸町は「南三陸福興市」、登米市は「登米市復興市」、女川町は「おながわ復幸祭」とネーミングにそれぞれ思いを託し「市」の催しを始めたのである。その行動は被災者、被災地に大きな勇気と力を与え続けた。現在も定期的に行われている地域があり、復興の足掛かりとして重要なイベントである。

復興市の報告と「市」の役割

前述のように、復興市は被災地にとって大きな励ましとなり、勇気を与えてくれた。復興へ奮起するエネルギーを創造させてくれた。「市」は被災した心を笑顔にしてくれた。買い物は私たちに元気を取り戻してくれた。「市」は情報が集まる場所、安否確認の場所でもあった。今後、災害の復興手段として、私は「市」が非常に有効だと商業施設士の立場から考えている。以下に詳細を展開する。

「市」の目的

被災した各店舗はそれぞれに早く復興しなければと営業再開を目標に行動を起こした。

当然の活動である。営業再開はぽつんぽつんと見受け

られた。しかしその姿は、消費者からは眺める一つの景色に過ぎなかった。集客するエネルギーが弱い。それに比べて「市」は、大きなエネルギーを持って多くの店が多くの人に発信できる商業活動であった。

　各店の復旧作業の時期と並行して人が多く集まれる場所を1か所に集積し「市」を行った方が、お互いに顔が見え、今何が必要なのか、何を求めているのか、多岐にわたる多くの情報を知り、交換ができる。その場で得られる情報及び発信は各施設それぞれの復興への告知としても大変効果のある商業活動である。集まる人たちは心に多くの不安を抱えながら何かを期待して集まってくる。ざわざわと人が集まっている環境は被災した心のケアーに大きな役割を果たす場でもある。

南三陸福興市

主催：南三陸町福興市実行委員会
場所：志津川中学校（高台）
第1回開催：4月29日（祝日）、第2回開催：5月29日（日曜日）両日1万5千人来場（HPにて発表）。第3回6月6日（日曜日）1万7千人（HPにて発表）。第4回7月31日（日曜日）1万8千人（HPにて発表）。

　会場の高台から見える壊滅した町の全景の中、全国から駆け付けてくれた多くのボランティアと、芸能人ボランティアによるイベントが大きな力となった。また、大きな声で呼び込みをしていた子供たちのカレーライス100円炊き出しは、あまりにも印象的であった。第2回5月開催の時だったろうか、夕方近くになって、パトカーが数台、会場周辺を周回する姿を見掛けるようになった。

何か違う気配がした。いったん空気が変わったように思えた。遠くから聞こえてくる情報、芸能人が駆け付けているという。誰だろう、何時ごろ来るのだろう、期待感が増していった。西の方から高台会場へ上ってくる数台の車列が見えた。その時EXILEが来るようだと伝言ゲームのように伝わってきた。EXILEと確認できた時には会場の興奮は頂点に達した。一瞬誰もが被災した心から離れて歓喜していたように思えた。このパワーは何だろうか。あまりにも思いがけない出来事。言葉にならない叫びが会場にこだまする。私は息を呑み込んだ。中学生たちは飛び跳ねていた。

第1回南三陸福興市出品内容「物価表」

南三陸福興市4月29日開催

魚

焼き海苔			100円
焼き海苔	1	束	200円

※港壊滅・冷蔵庫破損のため　生魚は見当たらず

菓子・ジュース

みかんジュース	1	パイ	100円
柿の種	1	袋	300円
スティック菓子	1	本	100円
ドリップコーヒー	1	パイ	100円
ペットボトル	5	本	100円
お茶			無料
麦茶			無料
クリープ	1	本	300円
ポップコーン	1		100円
だんご	1	本	100円
桜餅	1	個	200円
しそ巻き	1	皿	500円

軽食

ほたて飯	1	人前	200円
あさり飯	1	人前	200円
おこわ	1	人前	300円
三角おでん	5	本	100円
おろしそば	1	人前	200円
カレーライス（中学生）	1	人前	100円
たっこん飯	1	人前	200円
豚汁	1	人前	100円

※消費税込み

日配品・惣菜

ゴマ味噌	1	個	200円
にんにく味噌	2	個	200円
調味料各種	1	パイ	100円
豆腐	1	パック	100円
調味料各種	1	本	100円
たまご	1	パック	100円
カップラーメン	2	個	100円
缶詰	2	個	100円
ミルク缶	1	缶	300円

野菜

カブ	1	個	100円
ねぎ	10	本	100円
たらの芽	1	袋	300円
ほうれん草	1	束	100円
つぼみな	1	束	100円

花・他

種へちま・ひまわり	3	袋	300円
お線香	1	束	200円
本	5	冊	100円
CD	1		100円
茶石鹸	1	個	300円
携帯充電			無料

第1回南三陸福興市出品内容「参加者名簿」

南三陸福興市参加者名簿

商店街構成店
（全壊のためプレートのみ参加）

1	及善蒲鉾店
2	阿部茶舗
3	マルセン食品
4	遠藤商店
5	ヤマウチ
6	さかなのみうら
7	松原食堂
8	宅の店
9	季節料理志のや
10	レストラン神割
11	わたや
12	菓房山清
13	高長醤油店
14	雄新堂
15	あべろく
16	かね久海産
17	山内金物店
18	高茂商店
19	入谷高真商店
20	カネサ海苔
21	入谷グリーンウェーブ

市参加者・ボランティア参加名

1	社団法人登米市観光物産協会
2	株式会社S・Yワークス
3	石若会　やきとり
4	道の駅　津山もくもくランド
5	魚市場買受人組合
6	志津川中学校
7	南三陸志津川ライオンズクラブ
8	JA南三陸
9	JA南三陸バーベキューコーナー
10	長野県下諏訪町
11	長野県下諏訪町みたまちおかみ
12	長野県下諏訪町 「NPO法人匠の街しもすわあきないプロジェクト」
13	長野県飯山（朝市ネットワーク）
14	山形県鶴岡市「渡会電機土木」
15	山形県鶴岡市「庄内協同ファーム」
16	山形県鶴岡市「出羽商工会農業部会」
17	酒田市中央通り商店街
18	愛媛県西伊予市三瓶町「いいみかんネットワーク」
19	岡山県笠岡市「かさおか希望プロジェクト」
20	島根県松江久保理砂子タウンマネージャー
21	島根県浜田市江木蒲鉾店
22	島根県松江市「ウィング」
23	福井県福井市8商店街連合
24	福井のまちなか商店街
25	福井県若狭の会
26	福井県小浜市「塗箸平左衛門」
27	神戸市長田大正筋商店街
28	鹿児島県宇宿商店街
29	防災ネットワーク
30	大阪市西区「濱美樹さん」
31	携帯電話充電無料サービス
32	桑月堂　あん餅
33	松野屋
34	萩田屋

登米市復興市

主催：（社）登米市観光物産協会・（株）とよま振興公社・南三陸町福興市実行委員会
場所：登米市登米町「みやぎの明治村」（遠山之里・森舞台・髙倉勝子美術館・教育資料館・水沢県庁記念館他）
第1回開催：6月11日（土）、12日（日）開催・以降各地域で軽トラ市など企画開催。

　登米市復興市は「みやぎの明治村」が会場である。ここは明治時代の建物が保存されている地区である。市を開催する場所としては範囲が広いと感じた。以前、建物保存をする事業にデザイナーとして関わったことがある。旧登米高等尋常小学校校舎そして旧登米警察署庁舎は歩く距離にして10分は掛かる。観光を含めて震災後の明治村の状況を知ってもらいたい、ということも大切だが、やはりこの時期は復興市に専念すべきだったろう。地場産品にこだわったようにも見え全体的に品薄で他の地域と違って人はまばら、賑わいに欠ける市であった。開催された軽トラ市は今回に限らず今後の市の開催方法として参考になる商業活動である。

おながわ復幸祭

主催：女川町商工会・女川町復興連絡協議会
場所：宮城県女川オフサイトセンター隣
第1回開催：5月4日（ゴールデンウィーク）

　会場は津波が押し寄せた地区、西に万石浦、東に女川

港にと挟まれた高台で行われた。会場に行き着くまでに
被災した地域を多く通過した。ここなら安全と感じた会
場である。

　30張りテントでブースが並んでいた。横浜からも駆
け付けたブースが目につき心を熱くする。全体的に品薄
ではあったが印象的なのは子供向けのキャラクターやお
菓子が多く並んでいたことだ。大人向けのマッサージの
ブースもあり、食料物資だけではなく心や体のケアーに
向けたブースは来場者に受け入れられ心を惹きつけた。

おながわ復幸祭5月4日「物価表」

おながわ復幸祭

商品目	単位	価格
まぐろ丼	1杯	300円
串かつ		
穴子焼き	1本	500円
しおくらわかめ		500円
大阪名物イカ焼き みなせん		
3Pホワイトロースハム		
味噌・醤油（小）		150円
味噌・醤油（大）		300円
さんまみりん	3枚	100円
キムチ	2個（半額）	100円
米餅	1kg	500円
米餅	2kg	900円
ササニシキ	1kg	1000円
白菜	1個	250円
きゅうり	1袋	100円
菊	5本	400円
ストック	1束	100円
人参	1本	50円
りんご	1袋	400円

商品目	単位	価格
デコポン	1袋	500円
卵		
ジュース	1杯	150円
ビール	1杯	300円
ビール		150円
アサヒビール		200円
コーヒー		
焼き菓子（2卓）		500円
駄菓子		10〜30円
ぽん菓子（小）		100円
ぽん菓子（大）		250円
お茶・コーラ	1杯	100円
おもちゃ	1箱	200円
おもちゃ		無料
子供靴		無料
水ヨーヨー		無料
茶碗		無料
手のマッサージ		無料
輪投げゲーム		無料
マッサージ	10分	500円

・22団体
・30張りテント
・横浜マーケット4間テント
・さんま焼き（無料イベント）
・横浜市都筑区

・弁当無料9間テントスペース　主催者
・海藻加工
・喫煙所
・キャラクター：リアスの戦士イーガー
・衣類無料テント9坪（サイズ選び可）
・ポップコーン、ベビーカステラ、綿菓子無料

※消費税込み

ゆりあげ港朝市

主催：ゆりあげ港朝市協同組合
場所：イオンモール名取エアリ駐車場
第1回開催：3月27日（日）被災者を多く含む56組合員
の内30店舗出店、来場は3,000人に及んだ。その後、毎
週日曜日午前6時から休むことなく開催されている。

　元々開催地は閖上港で毎週日曜日開催されていたが、
すべて津波で跡形もなく流された。その16日後、イオ
ンモール名取エアリ駐車場の一角を開催地とした。組合
員の驚異的な精神力と、被災しながらも「何くそ」と奮
起する姿勢が開催にこぎつける。この行動はすべての被
災者に勇気を与え、日本の底力を復旧復興へと奮い立た
せている。震災当日に立ち上げたという民間の名取災害
支援センターによる毎週の支援物資の提供や、自衛隊に
よる安否確認や出会い広場の開設、津波映像放映などに
は必要性を強く感じた。ミュージシャンの復興ライブな
どボランティアによるイベントも多く開催された。商業
活性化の基本が集約されている市場である。毎週、市の
開催準備はまだ夜が明けない4時くらいから始めていた。
テントを組み立てて品物を並べた時間は5時半前後。顔
も見えない時間である。
　自分は子供服支援物資を並べる時間からの参加である。
年を通して参加し、市の様子を観察して多くのことを知
ることができた。133ページ「被災者が求める物資と、
被災者の精神状態の変遷」で詳しく記述したので参照願
いたい。市は食料物資が主である。初めは海産乾物類が
多く生魚は並ばない。閖上港は津波に呑まれ漁船は流さ
れ漁業は再開できない。倉庫に保存してあった乾物類を

並べての販売である。いつごろからか遠くから魚を手に入れることができ、ゆりあげ港朝市風景が徐々に戻りつつあった。飲食店ブースには多くの人が集まり早朝冷えた体を温めていた。脇にイベントステージを設けボランティアのミュージシャンが歌い被災者を励ましてくれていた。

　津波の映像を流していたブースもあった。自衛隊員が安否確認をしていた。行政が旗振りをしなければいけないことではなかったのではと今に思う。今回の災害で各地、多くの自衛隊員が活動していた。日ごろ自衛隊にはあまり心を寄せなかった自分は、行き先々ですれちがう隊員に心から「ありがとう、ご苦労様」と声を掛けていた。持っていた偏見は捨てることにした。

ゆりあげ港朝市4月24日開催資料

ゆりあげ港朝市4月24日開催（場所：イオンモール名取エアリ駐車場）

魚

ふじたこ	1	匹	1,000円
アンコウ魚	1	匹	1,500円〜2,200円
ぼら	1	匹	200円
アジ	1	匹	200円
まかれい	小5	パック	500円
さんま	4	匹	300円
ひじき	1	袋大	500円
	1	袋小	150円
活ずわいがに	1	匹	2,000円
ほたて	1	枚	100円
明太子	1	皿	1,000円
筋子	1	皿	1,000円

日配品・惣菜

カツフライ	1	個	120円
アジフライ	1	個	100円
コロッケ	1	個	100円
豆腐	1	パック	100円
絹あげ	1	個	100円
あぶら揚げ	1	袋	150円
玉こん			100円
おでん			
トッピング味噌汁			
調味料	浅漬けの素		2割安
	みりん		2割安
	しょうゆ		2割安

軽食

焼きそば	1	人前	250円
えびそば	1	パイ	550円
かけそば	1	パイ	300円
お好み焼き	1	人前	400円

野菜

ごぼう	1	本	100円
キャベツ	1	玉	200円
大根	1	太ぶと	100円
ねぎ	1	細7本	200円
レタス			100円
にんじん			100円
たまねぎ			150円
トマト	1	かご	300円
	1	かご	150円
にら			70円
イチゴ			250円
			1,000円

菓子・ジュース

袋菓子	1	袋	150〜250円
あんこ餅	1	パック	300円
草大福	1	パック	250円
草もち	1	パック	250円
バナナチョコバー	1	本	200円
綿あめ	1	本	400円
フランクフルト	1	本	200円
大判焼き	1	個	110円
ラムネ	1	本	100円
	6	本	500円
ペットボトル	2	本	100円
同上コーヒー		本	100円
ミニ缶ジュース	2	本	100円

花・他

仏花	1	束	500〜700円
荒物			

商品部門別出店数

	4月24日	5月17日	11月6日
漬物屋	1店		1店
八百屋	3店	4店	6店
和菓子屋・菓子	1店	1店	3店
惣菜（おでん込み他）	3店		1店
魚屋	8店	6店	13店
乾物屋	2店		5店
果物（りんご）	1店		
甘酒			
流通菓子・ドリンク	3店	3店	2店
屋台食事系	5店	5店	4店
調味料	3店	2店	1店
屋台（綿飴他）	5店	5店	1店
花屋	2店	2店	3店
荒物や	1店		1店
中華	1店		
漬物や	1店		1店
趣味		1店	2店
住宅			1店
服		4店	3店

合計店舗数	41店	33店	48店
テント張り数	45張り	40張り	55張り

※上記は記憶及び記録写真の範囲で実数とは異なります。

駐車場　　約480台

仮設トイレ10ブース

テント　　45張り

ブース　　約50店

※消費税込み

コメント：閖上港はすべて波に呑まれた。生魚は取引市場冷凍倉庫より出荷。

現在会場

日和山

佐々直蒲鉾本社

仙台空港

・現在はイオン名取りエアリ駐車場
・元の会場に戻りたいと願っている

がれき山

閖上げ朝市会場

日本商業施設学会発表資料：跡形もない、ゆりあげ朝市会場（画像引用元：Google）

2011年4月：自衛隊による安否確認

chapter 4
視察レポート

本書の冒頭でもお伝えしたように、私は復興の進まぬ被災地の現場を確認すべく、「東日本大震災被災地商業施設視察研修」を企画し、全国の商業施設士に声を掛け視察に及んだ。

　全3回行ったその研修で参加者に視察レポートを提出してもらった。本章ではそのレポートを紹介しながら、当時の現場感や復興のリアルな進行状況などを見返すと共に、問題点や改善点を検証し、未来の被害に対する準備や対応として活用していければと考えている。

第1回視察研修

実施場所：岩手県南部から宮城県閖上地区まで

概要：参加者17人

日時：2014年11月7日（金）午前10時〜8日（土）午後6時30分

主催：一般社団法人日本商業施設士会東北支部・一般社団法人日本商業施設士会

後援：独立行政法人中小企業基盤整備機構・公益社団法人商業施設技術団体連合会

活動内容：仙台駅出発⇒陸前高田着（気仙沼市までバス移動。車中飯塚より被災地の説明）

＊気仙沼視察『気仙沼復興商店街』他（各自仮設商店街にて昼食）

＊陸前高田視察　UR都市機構陸前高田復興支援事務所が担当している工事現場

＊南三陸ホテル観洋（宿泊）

＊女将さんよりお話を聞く

＊独立行政法人　中小企業基盤整備機構東北本部　復興支援センター統括部参事・仙台中小企業復興支援セン

ター長より復興業務の現状報告
* 参加者による意見交換　復興応援会食会
* 南三陸視察　『南三陸さんさん商店街』
* UR都市機構　南三陸復興支援事務所　所長より嵩上げ工事の説明
* 石巻視察　石巻旭山公園より視察
* 女川視察　女川復興状況発信施設会場にて仙台中小企業復興支援センター長より復興業務の現状報告
* ゆりあげ港朝市視察　講演：ゆりあげ港朝市理事長桜井広行氏・県議会議員　太田稔郎氏（旧名取災害支援センター所長）

視察レポート①

経営コンサルタント　小関美代子氏

　去年、私はバスで平地を1周した程度なので、土地所有者の所在もわからない被災2年目、現場の市町村役所は職員も足りず混乱し、復興計画はかなり遅れるだろうと思う程度でした。今朝の朝日新聞「みんなの広報」に『被災地の復興はまだ』と題して83歳男性が投稿していました。本文に「現地を見て復興はまだまだと感じました」とあります。一般人は去年の私のように、観光客向け通常コースとホテルや復興施設のビデオを見ての感想を抱くのだと思います。

　広報活動について、今回、私たちは中小機構諸氏の説明のおかげで、多様な計画があり、着実に進んでいることを実感することができ大変嬉しく思いました。私は先々の計画をお聞きしたので少々安心しました。積極的に聞かないとわからないということは、周知が足りないのではないでしょうか。他県のマスコミも動員して、地球規模での復興計画を発信していただきたいと思います。

そして海岸沿いの景観は、理想的な視界を考慮していただけるよう期待します。

　復興商店街の奇麗なお店でソフトクリームを買いました。当会のメンバーが次々と買いました。焼き魚が安かったのでお土産に買い、とてもおいしく食べました。ただ、ランチの海鮮丼は、行ってみたかった店が入りにくく別の店で食べましたがかなり残念でした。

　工夫は見受けられますが、入りにくい店舗が多くあるように感じました。清潔感や接客マナーはもっと重要視すべきです。見やすさ・わかりやすさも勉強不足のようです。

　居住区域と商店街について私は小規模店（家業・生業）の職住別居は経営困難を招きやすいと思います。海岸近くの主要道路沿いが居住できない地区になれば、路面店は大規模店やチェーン店の占める割合が高くなると思われます。つまり、地域の魅力を発揮しにくい地区になるかもしれません。雇用の場にはなりますが、通りがかりにも地域性を感じられる街づくりがよいと思います。

　居住者を増やす施策を官民あげて全国規模で商工農林漁業すべての業種に誘致活動を行いましょう。雇用の場を広げ、定住を増やすことが今後の安定した生活には重要だと思います。

　街づくり会社について私の事務所は道路拡幅の現場で移転・解体の計画中です。何年も前から委員会が結成され、国・県・市各担当行政の肝いりで大学教授やコンサルタントのセミナーや勉強会が毎月のように実施されました。著名な人や地元大学教授も話してくれました。また、このために他県から移住したコンサルタントもいます。最近では民間企業やNPOが組織を作って活動している地域もあるようです。中には講演・学生を動員して

自己保身の活動をする教授、利益優先の民間組織、大義名分を大上段に振りかざすあまりに歓迎されないNPOなど、先行きが困難な組織が多いと聞きます。成功に導く方法として、以下を提案します。①行政は手と口は出さず、資金と場を提供する。②街づくり会社のトップは、民間人で人気があり正しいリーダーシップを発揮できる人。③事務局は中立で万事正当に対応できる商工会や会議所など。これであれば問題は非常に少なく、成功しやすいと思います。

視察レポート②

商業施設士　佐藤勝之(株式会社アーティスティック集団　スタッフ)

　今回この研修に参加させていただき、沿岸部の被災地の現状を知ることができました。それは普段生活している自分たちの当たり前のものが、根こそぎ剥ぎ取られている現状でした。しかし、住む人がいなくなっても仮設の店舗を構え、笑顔で迎えてくれる店員さんの振る舞いに元気とパワーを貰い、逆に励まされたように思います。

　自分は被災地宮城県で生活しているのにも拘らず、内陸と沿岸、高台と平地ではかなりの格差を感じました。陸前高田や南三陸の大規模な造成工事を目の当たりにし、山を削り町自体をゼロから作らなければならない現実と今回の災害の大きさに改めて驚愕しました。

　具体的には、陸前高田にあったおよそ全長3kmのベルトコンベアーもその一つです。その巨大さに圧倒され、山の一つや二つなんてあっという間になくなってしまう怖さも同時に感じました。きっと100年後までには津波を伴う大地震がまた来ると思います。

　その時に今回作り直す町の真価が問われると思います。

ご先祖様のおかげで大津波の被害をまぬかれたといわれるような働きが現代の私たちの使命だと思います。

被災地はこれから寒く厳しい冬を迎えます。車からも電車からも、まだまだたくさんの仮設住宅を目にします。そしてもうすぐ4年の月日を迎えます。街づくりはUR都市機構の土田所長から「スタートしたが心のケアーはまだまだ必要だ」という話を聞きました。工事を早く進めたいが、こういった心情を汲み取ると時間の掛かる難しい工事ということが、すごく理解できました。そう考えると時間を掛けてでも安心できる町を作ることが優先だという気がします。

最終日は閖上に行き、桜井理事長・太田さんの何も飾らない、「生」のお話を聞くとこができてとても感銘を受けました。防災意識の低さが被害を大きくした事実があるので、これから起こりうる南海トラフの大地震にこの教訓を重ね、地震は深夜に来る可能性もあることも意識し、防災マニュアルの徹底に活かしてほしいです。

今回の研修のテーマとして「自分が役に立てることは何か？」ということを考えながら視察をしておりましたが、商業施設士の仕事としての関わりはこれからまだまだ時間が掛かりそうです。まずはこの研修にて被災地の現状を知れたこと、商店街があると町が活気に溢れるということ。いろいろと経験できて、自分の中で一歩進めた気がします。また個人的にも訪れたいと思います。

第2回視察研修

実施場所：宮城県南部の岩沼市から福島県沿岸部及び福島県内陸部

概要：参加者15人

日時：2015年10月30日（金）午前10時〜31日（土）午後6時

主催：一般社団法人日本商業施設士会東北支部・一般社団法人日本商業施設士会

後援：独立行政法人中小企業基盤整備機構・公益社団法人商業施設技術団体連合会・日本商業施設学会

活動内容：仙台駅出発⇒仙台東IC⇒岩沼IC⇒亘理町荒浜ルート

1日目

＊岩沼市復興タウン玉浦地区（震災復興の旗頭）

＊鳥の海ふれあい市場協同組合・にぎわい回廊商店街視察

＊亘理インター常磐自動車道

＊南相馬鹿島サービスエリアにて各自昼食

＊南相馬インター南相馬市内復興事例（松月堂）視察、松月堂社長横川徳明様インタビュー

＊浪江町役場着、浪江町視察：浪江町役場帰町準備室室長中田喜久様同行（車中より視察）
　浪江町内（国道6号線内部）、請戸小学校（浜辺）他

＊途中スクリーニング（除染）

＊浪江IC常磐高速道途中、放射能数値表示プレートによる放射能汚染数値確認

＊独立行政法人中小企業基盤整備機構東北本部：中小企業震災復興・原子力災害対策経営支援センター長より福島の現状説明

＊復興事例視察：たまごの郷視察、同店舗内にて有限会社大秀代表取締役社長大柿純一様による講演

＊いわき湯本温泉地宿泊、いわき湯本温泉ホテル浜とくにおいて参加者による意見交換会、復興応援会食

2日目

　＊小名浜視察：いわき市小名浜『小名浜魚市場』他

* 二本松市。この地へ避難している浪江商工会にて浪江町商工会会長原田雄一様より講話
* 岳温泉あづま館にて復興応援昼食及び視察
  女将より講話
* 土湯温泉経由福島市フルーツライン視察、あづま果樹園専務吾妻様より講話
  福島駅にて解散

視察レポート①

商業施設士　品川正之　TCL 商環境計画研究所代表

　得体の知れないものほど怖いものはない。気配はするけれど目には見えないお化けのようなものや、いつ起きるかわからない地震や火山の噴火のようなものもそうかもしれない。相手が何者かはっきりすれば対策もたてられるし不要な不安も払拭できる。あやふやなものを相手にすることほど厄介なものはない。被災地福島、最初に訪れた浪江町はまさにその得体の知れない放射能という恐ろしさに包まれていた。あれから5年近くも経つのに、これから一体いつまで続くのか全く見当のつかない状況に置かれていて、手付かずのままの町になっていた。放射能の人間への影響はあるレベル以下になると、どこまでが安全で、どこからが危険なのかは定かになっていない。そのため国の基準も、その都度の状況に左右されて定まらない。故郷に帰れるかどうか、全く見通しがつかないのである。昨年視察した岩手、宮城では足どりに違いはあっても着実に復興に向かっていたが、ここではまだ震災時のままなのである。

　地震や津波の被害に遭った建物はそのまま放置され、それらの被害に遭わなかった商店街の洋装店さえも、商品がその時のまま陳列されていて商売をしているかのよ

うなたたずまいだった。だが人の気配は全くない。住民のいない商店街の中、無言で歩き回っているのは除染の作業員だけである。帰町準備室が設置されている浪江町役場の立派な建物がなんとなく不釣合いに見えたのは私だけだったろうか。そんな中で帰還困難地域から抜け出して事業を再開した2件の事例を視察した。原発事故で全域が避難区域にある南相馬市小高区で菓子店を営んでいた「松月堂」さん。ご家族はバラバラ、それぞれ福島や仙台、東京と避難先を転々としながらも南相馬での事業再開を決意された。避難区域外にあたる南相馬市原町区南町に本店と工場を移し「四ツ葉店」をオープンした。二人の息子さんと若い従業員に支えられて順調な滑り出しのようだ。お話を伺った時の奥様の「マスコミや風聞に惑わされず、自分で見て聞いて判断することが大切だ」という言葉が印象に残っている。

　2件目の「たまごの郷」さん。避難区域からの脱出組でいわき市に養鶏場と店舗を一から再開された。いわき市は土地の高騰が激しく用地取得には即断即決、気に入った土地はすぐに手を打たないと次の日にはもう人手に渡ってしまう状況だった。ある意味無謀とも思えるスピードで店舗再開にこぎつけた。お店では環境の整った養鶏場から届く良質の卵とそれらで加工したスイーツを販売している。何より味が新鮮で美味しい、生産者直売の新しい業態にチャレンジしている。被災地福島では商業再開以前の原発被害という大きな壁が立ちはだかっている。得体の知れないものに惑わされているうちは再開が不可能だろう。現在の帰還困難区域、居住制限区域、避難指示解除準備区域が元の状態に戻るには30年、50年先あるいはもっと先になることを覚悟して、そんな状態から脱出してはっきりと先の見通せる状況にしていく

ことが第一である。

視察レポート②

笹原理介　（有）笹原デザイン設計室　代表取締役

　昨年は、宮城、岩手の両県、陸前高田・女川・石巻・気仙沼・閖上の仮設商店街と復興がどれくらい進んでいるかを視察してきました。

　今年は、仙台駅から南下してバス移動したわけですが、荒浜地区に着くまで道路東側の風景は、津波のため田畑が海水に浸かり耕作できず、雑草が生えている風景を眺めていくという状況でした。一部、稲の収穫ができたような部分も見受けられましたが、全体的にはまだまだのようです。

　最初に訪れた、荒浜にぎわい回廊商店街、産直市場、温泉施設と３施設で構成されておりましたが、周りに建物は少なく商店街と呼ぶにはまだまだのようです。しかし、イベントなどを開催しながら、お客様の呼び込みはできているとのこと。荒浜には「はらこ飯」という地区名物がありますが、今や地区名物ではなく宮城県を代表する「はらこ飯」になったとのこと。次の名物を何にするか、現在の地区を中心にどのように街づくりをしていくか、また、商店街をいかに充実させてゆくか、まだまだ課題が山積しているとのことでした。

　福島に入り、常磐自動車道にある南相馬鹿島サービスエリア（今年２月供用開始）を視察、特徴的なのは一般道からも施設利用できることでしょう。今年の４月に物販観光施設「セデッテかしま」もオープンしており、高速道利用者だけでなく集客できることが売り上げに貢献していると思われます。

　福島県に入って感じたことは、バスから望む風景が宮

城県の地震・津波の被災後の風景とは全く違うということです。田んぼの中に防水シートを敷き込み、除染土を入れたトンバッグが、数えきれないほど積まれた状況が延々と続いていました。この除染された土はどこにも行き場がなく、このまま放置されるのだろうか。福島県人でなくても将来が心配になってきます。岩手県と宮城県は、地震・津波の被災であるが、福島県はその他に原発による放射能汚染があるため、岩手・宮城の両県とは風景が全く違うことを、改めて認識することとなりました。

　浪江町に入ると各入り口にゲートがあり、許可書がないと町に入れない状況でした。最初に浪江町役場に回ると空間放射線量の表示板があり、0.088μSvを表示していました。

　私の住む山形市と、あまり変わりがなく驚きました。もっと、数値が高いと思っていたからです。役場の中に入ると、20人ほどの職員の方が残っており、住人の方たちがいつ帰町されてもいいように作業されているとのことでした、しかし役場の中には住人の方は全然見あたらず、ここが本当に役場なのかと不思議な感じでした。

　それから、移動中のバスの中で帰町準備室の室長中田喜久さんより、地震と原発事故の被害状況の説明を受けながら、町の中を1周することができました。地震により傾いた建物が有り、また海岸沿いではRC造の建物が2、3棟しか残っておらず地震と津波の被害であることはすぐわかりました。それと町の中で目を引いたのは、埃を被ったままの車庫の中の車、乗り捨てられたようなバイク。町民のいない町の中で見掛けるのは、除染員とダンプカーのみと何か異様な感じでした。これが原発事故により放射能で汚染された風景かと改めて驚きを隠せんでした。

浪江町役場と商工会の組織全体が、二本松市に受け入れ要請をし承諾を得て移転して作業をされており平成30年には戻れるとの思いで、役場の方・商工会の方たちは頑張っていらっしゃるとのことでした（アンケートでは、町に戻りたいというパーセンテージが17％で、それも65歳以上の高齢者がほとんど。小中高生たちは進級・進学もあり、避難先で他の会社に勤務されている方たちも、帰町はなかなか難しいのではとのこと。ちなみに町の被災前の人口は21,000人）。

　二本松市に移動し、商工会事務局長・理事長さんよりお話を聞くことができました。話の内容は、町に戻るための模索（コミュニティを大事にする街づくり）をしており、他の面で国との交渉も進められているが、なかなか思うように進まず、はがゆく思っているということでした。あとは、私たちが耳にしている国の発表、報道機関の記事内容と現実との違いが、あまりに大きすぎることなどを説明して頂きました。

　すでに支援を受けずに自分たちの力で復興している方たちの店舗を視察させて頂きました。また、代表者の話を聞くこともできました。南相馬市の「松月堂」さんは、息子さんたちが店舗を存続していきたいという強い思いから、またいわき市の「たまごの郷」さんは、先代からの養鶏場を何とか復活させたいという思いから、今日に至った経過を聞くことができました。並々ならぬ努力と決断があったことと思います。文章では5行にしかなりませんが、この4年7か月という長い期間に経験されたことのすべてが「ネガティブからポジティブ」に切り替える、その考え方にはただただ頭が下がる思いです。

　小名浜港に移動して、魚市場周りを見ると現在道路を挟んで南側の敷地に、イオンの建物が工事中でした。市

場の方に話を聞くと今までの市場のお客様だった方たちがイオンにどの程度流れていくのか心配は尽きないようです。また交通事情はどうなるのかと心配は尽きないようです。あとはまだまだ水揚げができない状況もあり、いつ再開できるのか不安材料がたくさんあるようです。

　岳温泉の「あづま館」で昼食を食べた後、女将さんの話を聞くことができました。被災後はやはり放射能の風評被害の問題があり、通常の3割まで落ち込んだとのこと。また、浪江町から避難者300人を4か月間受け入れたとのことでした。建物に地震の被害もあり、リニューアルが完了したのが2年前。現在はお客様が9割方まで戻ってきたようですが、それは宿泊料を安くしたり、ドリンク類を無料にしたり、朝食をビュッフェにするなど若者も利用できるようなスタイルに変えたりと、ホテル側の努力があったからこそと思われます。フルーツラインの果物産直店も震災後3割までダウンしたとのこと。現在はようやく9割まで戻ったが、これに関しても自社努力の賜物だと思われます。

　震災からすでに4年7か月が過ぎていますが、岩手県・宮城県と比較しても、福島県は復興が全然進んでいないのではと思えました。また、原発事故の後処理に時間が掛かりまだまだ復興が遅れていることを感じさせられた2日間でした。

　福島県が前代未聞の被災にあった事は十分理解できるけれど、この状況では全然進まないとネガティブに考えるより、先に述べた二つの成功例が示すように、国の支援などを待つのではなく、まず自分たちでできることから始めて、前に進むことが一番大事なのではという気がします。大変なことであると思いますが、各家族・店舗・事務所、ついては各市町村が一日も早く復興していただ

きたいと願っております。

第3回視察研修

　東日本大震災から8年半。被災地各地は復興を掲げ、どこまで進んでいるのか、どのように復興を進め歩んできたのか、5年前に行われた視察研修コースを今一度訪ねてみた。商業施設に携わる者として現地を検証してみたいと思う。

実施場所：岩手県南部から宮城県閖上地区まで（第1回視察と同じコース）

概要：参加者18人

日時：2019年10月5日（土）午前10時～6日（日）午後5時30分

交通機関：中型バス

主催：一般社団法人日本商業施設士会東北支部・一般社団法人日本商業施設士会

後援：独立行政法人中小企業基盤整備機構・公益社団法人商業施設技術団体連合会・日本商業施設学会

活動内容：仙台駅出発⇒陸前高田着

1日目

＊陸前高田市視察。各自商店街にて昼食。

＊気仙沼市鹿折地区視察『気仙沼鹿折かもめ通り商店街』他

＊南三陸町『ハマーレ歌津』・『南三陸さんさん商店街』視察

＊南三陸ホテル観洋宿泊。参加者による意見交換会　復興支援会食

2日目

＊移動途中、石巻市立大川小学校視察

＊石巻視察。日和山公園・『いしのまき元気いちば』他。

＊女川視察、各自商店街にて昼食。

＊移動途中仙台市立荒浜小学校視察

＊閖上地区『ゆりあげ港朝市』会場・閖上復興各地の視
　察。佐々木酒造店専務様より講話。仙台空港解散JR
　南仙台駅解散。

視察レポート①

商業施設士　清 和美　（株）バル・プランニング代表取締役

　日ごろ目先の仕事に追われて、各地域で起きている様々な環境の変化に目を向けることが少なくなっていました。

　3・11の震災の直後は、東京ビッグサイトにいました。夕方には仙台に移動して工事の引き渡しを行う予定で、半日早かったら私も現地で被災することになっていました。

　東京の交通機関がある程度落ち着いてから、仙台市内にだけ行きました。その時の市内はさほど被害が感じられませんでした。陸前高田、南三陸、女川町などの海沿いの津波があった場所を訪れる機会もなく、今回の視察となりました。

　地震の津波は想像していた以上の破壊力であったと、今更ながら驚きました。現在のように予知技術が準備されていない時代、先人たちはどのようにして予知できたか？　言い伝えとして忘れられてしまったのか、興味深いところです。震災後1〜2年は生命の安全を守るため、最低限の生活環境作りの仮設住宅。2〜3年で土地区画の整備、住宅建設。3〜4年でやっと商業施設に手が入

り、施設再建は進まず生活に密着した商業施設がスタートするまでに時間が掛かります。このような環境の中私たち商業施設士はその道のプロとして何ができるのか？近年の商業は急速な変化で商売の仕方が大きく変わりました。特に物販店舗はネット通販により、店に行かなくても、物が買える便利な時代になりました。今こそ、お店の存在と必要性が問われています。昔の商店街は一部を除いて、全国どこでもシャッター街になり復活する希望が見えません。ましてや災害で復興するには、地域が一丸となり取り組まなければさらに難しいことでしょう。地方では若者が少なく、活気に満ちた町おこしが出来ない状況です。町おこしをどうしたらよいか？　ポイントは「地域特性」「発信力」「集客力」と考えます。

「地域特性」とはその地域にしかない特徴、歴史遺産、環境景観、食べ物、大自然、近未来化都市、歴史的な人物像、町のスーパースター、キャラクターなど。必ず一つは特徴があるはずです。その土地の拘りづくりが大事です。例えば今回視察した南三陸はタコ「オクトパス君」（インパクトが少し弱いが……）、陸前高田の「奇跡の一本松」、その特徴を、どのようなデザインでアピールするか。正に「デザインの力」になります。

「発信力」について、近年はwebが発達しているので、情報を伝える手段はたくさんあります。フェイスブック、インスタ、LINE、YouTubeなどの活用にて地域特性をアピールする。誰に何を発信するかがポイントになります。発信力が集客に繋がるはずです。

「集客力」については、楽しそう、面白そう、興味深い、心が癒やされる、美味しそう、などの理由で人は集まります。共通していることはその土地でとれる海の物、山の物、その地域しかない物、特性を活かした食材がポイ

ントになっています。しかし、視察で見たかぎりまだインパクトは薄いようです。いろいろなモノとコラボ、化学反応を起こす工夫、物と人の体験などなど。一時的な集客でなく、継続的に安定するためには、人と人の関わり合いが安定した集客に繋がると考えます。商業施設士は今後何をすべきなのか。今以上に人が集まる町づくり創造。町おこしは、地域特性がポイント。人と人の出会いがある街、ぬくもりのある街、素朴な街。リアル店舗でなければ体験できない見世。

　一方で、移動できる店舗の時代。すでに発表されている未来店舗、トヨタの移動店舗車など、災害時やイベントにはかなり活躍するでしょう。人が集まるところに店が移動する、そんな時代が間近に来ています。ネットショップにない魅力づくり、バーチャル×リアル店舗。街の魅力、住む魅力、集う魅力、土地の魅力、人と人が関わり合う魅力。魅力ある商業施設をどう作るか。商業施設士の課題はたくさんあります。

視察レポート②

商業施設士　千々岩清英　千々岩デザイン企画事務所

　今回、初めて被災地視察研修に参加させてもらったが、被災当初からの8年間の復興状況が掴めず、そのため、前回研修に参加された方々の検証レポートを参考に読み直した。また、ネットニュースなどのアーカイブスを見直して検証してみた。そして今回、訪問した被災地の中で一番印象に残った陸前高田市の復興状況を自分なりに検証してみようと思った。

　最初に被災当時の瞬間をネットニュースなどで改めて見直してみた。そこには、津波によって思い出が詰まった街並みが一瞬で破壊され流され、今までそこにあった

街並みが、どこに何があったかわからなるくらい変貌している無残な光景が映し出されていた。そんな大変な状況の中、少しずつ復興のために進んでいく工事の様子などを年ごとに見直してみた。その映像には最初に復興工事のための震災道路が何本も作られて行く様子が、そして、至るところで高さ12mにも及ぶ盛り土工事が繰り返される様子が映し出されていた。その中で一番驚いたのは、盛り土工事のために、四方八方に延々と延びる大規模なベルトコンベアーだった。それは、盛り土工事が終わる度に、また新たな場所へと延々と延びていき、盛り土工事は何年も繰り返されていた。そんな光景がとても印象的で衝撃的であった。

　今回の視察で最初に訪れたのが、「アバッセたかた」。図書館を併設する商業施設で、そこを中心として街並みが形成されている印象を受けた。だが周辺では今でも、道路、宅地、河川、橋、新交通システムの駅などのインフラ工事が盛んに行われていて、完成までにはまだまだ時間が掛かるだろうと思った。

　今回まず感じたのが、訪れた日が土曜日の昼時であるのに、人通りの少なさ、店舗などの少なさ、住宅などの少なさ、そして全体的に賑わいの少なさが目立つ街並みであるということだ。このエリア周辺は店舗や住宅など建設できる造成地がたくさんあるのに店舗などが少ないのはなぜだろう、という疑問と違和感が湧いてきたので、後に調べてみた。すると、仮設店舗で営業している方々の8年間で生まれたズレについての記事（仮設で生きる"店主の選択"）を見つけた。その記事によると、「市内の高台にある仮設で頑張っていた震災当初は、復興を目指すのなら、やはり新しい市街地で」と多くの仮設店舗で営業している方々の思いが載っていた。でも現状は、

8年が過ぎた今では仮設店舗で営業する多数の方々が移転を諦めているという。その理由は、新しくできた商業エリアの現状としてある、平日の人通りが少なく賑わいがないことへの心配、そして移転のために新たに借金することに対する不安である。それに現在営業している仮設店舗では、金が掛からず固定客も付きその後もずっと営業ができるなどの理由で移転を諦めている方々が多いとのこと。

「商店や企業が戻らないと人が集まらない。人が集まらないから商店や企業が戻らない。その結果、賑わいが生まれない。賑わいが先か？　戻るのが先か？」

　このような疑問が8年以上経った今もなお、どの商業施設でも起きているのではないか、そして、街づくりを主導する行政でもいろいろな政策を取ってはいるものの、賑わいを取り戻せるのか、という不安と模索が続いているように思えた。「賑わいを新たに創る、永続的に続ける」ことの難しさを実感した。

　今回訪れた施設のデザインなどはどこも似たような感じで個性は薄く、地元感も少なく、期待して初めて訪れたが、満足感はあまりなかった。

　そして今回、5か所の商業施設を視察して思った事だが、どこの商業施設も活気のある賑わいを感じる事は少なかったと思う。しかしその中で、「南三陸さんさん商店街」「いしのまき元気いちば」では核となるリーダーが頑張っておられ、これからの未来を感じることができた。

　追記（復興は若者）

　震災を経験した当時10代だった中学生や高校生の子供たちも、8年以上が経った今では大人になって、地元を離れ頑張っている人もいれば、地元に残り、または地元に戻り、復興のために頑張っている若者たちも多いと

聞く。これからは震災を経験した若者たちが地元地域の賑わいや歴史を創っていくのだと思う。そのためにも大人になった彼等と行政が中心となって、協力し合うグループを発足し、地元地域の商店街や人々の賑わいを創る活動を積極的に行うべきだと思う。まだまだ先が長い復興、若者たちが生き生きと活動できる場がたくさんできることを願う。

（参照：NHKニュースなど）

第1回、第2回、第3回の視察を終えて

　第1回目は震災後3年が経って現地はどのような状況にあるか視察できた。被災の生々しさが残る傍ら各地で埋め立て造成工事をしている。破壊された建物に、ここまで津波が来ましたと印が付いている隣でT.P.12m嵩上げしている光景はあまりにも生々しい。復興計画を立て、進み始めた行政はある。一方、基本計画は立てたがいまだに市民の意見をまとめ上げることができずにいる行政も多かった。市民はそれぞれに意見を持ってはいるが、多数決で進めるには核心に迫る意見が少なく、そして弱い。経験したことのない未曽有の出来事であるためか、先が見えないのであろう。いろんな意見を聞きすぎてはまとまらない。多数決でなければ進められない現実。大切なのは多数決から取り残されている少数意見にどう対応すべきか。それに応えられる二重三重の対策で検討すべきではないかと考える。

　第3回目の視察は第1回目の視察から5年が経過してから実行した。同じコースを回り進捗状況を時間軸で確認する目的で視察が実行された。各地それぞれの進捗に差を感じた。どのような立場の人に、どのような人と一緒

に、どう進めるか、誰にリーダーシップをゆだねるか。共通することは社会的地位よりも心から笑顔を絶やさず市民を切に思い、熱意あって少しだけ頑固な人物。学者主導や政治家主導の場所は理論と力だけで走っているところがあった。女川の復興や岩沼の復興、閖上の復興などは賞賛すべきところが多いと感じた。是非参考にすべきであろう。

　第2回目は震災後4年目。福島に足を運び原発による災害の状況確認と報道から受ける実際はいかなるものかの確認である。

　案の定、復旧、復興は進まない状況にあった。

chapter 5

災害の教訓と備え

東日本大震災から学んだこと、伝えたいこと

　私たち宮城県に住む人間は、かつてない規模の地震に遭遇し、千年に一度起こるか起こらないかというような大きな津波の被害を受けた。

　あの時から12年の年月が流れたが、今も多くの人々が避難生活を余儀なくされているなど、まだまだ完全にかつての日常を取り戻すには至っていない。このような状況だからこそ、私たちのみに起きた未曽有の被害から学んだことを、後世に伝える義務があるはずだ。

地震から学ぶ

　過去、1978年6月12日17時過ぎに起きた宮城県沖地震「震度5」。山形県新庄市で打ち合わせしていた目の前で蔵が波のように弾んでいた。仙台まで車で3時間半の道のりを暗闇の中6時間掛けて帰宅した。道には数え切れないほどのひびが入っていた。建物は方々で倒壊した。ブロック塀が倒れて20数人が下敷きになり亡くなった。繰り返す震災の中、建築基準の見直しにより、建築物は耐震が強化され被害が激減した。

　あれから33年、東日本大震災は震度6から震度7の揺れであったがブロック塀や建築倒壊はだいぶ少なくなっている。耐震補強が間に合わず壊れた建物は少ないまでも散見され、まだ命を落とす人がいる。形のある物が壊れるのは仕方がないことだが、できうる限りの減災を考えることが現実的で望ましい。

　商業施設における建築物の構造については今一つ不安要素がある。多くの人が集まる大型店になればなるほど柱間の広い建築や高さのある建物が見受けられるが、今

一度構造の考え方を検討すべきではないか。もちろん、今後の新技術にも期待したいところである。商業施設はそれだけではない。大切で、大きく注目をしなければならないことは物流機能をいかに確保できるかである。物流は人間でいう血管である。陸運、海運、空輸と物流機能が確保できなければ商業は成り立たない。商業は物の製造生産があり、一時保管場所があり、運搬機能があり、再度保管場所、そして初めて私たちが買い物として足を運ぶ商業施設がある。この流通を支えるポスシステムなども機能しなければ、商業施設とはいえない時代である。

津波から学ぶ

　YouTubeにある、大船渡市の齊藤賢治さんが商業施設の街並みを撮影した映像を確認していただきたい（『地震の発生から津波の到達まで』提供：一般社団法人大船渡津波伝承館）。

　この映像はすべてのことを物語っている。多岐にわたる部門での地震や津波対策をこの映像から読み取れる。建築物構造の違いによる被害の違い。木造建築、ブロック構造、石蔵、鉄骨造、RC構造（鉄筋コンクリート）、津波のスピード流水圧40t〜50t/1㎡、予測がつかなかった浮力の存在。私たちはどうすべきか、正面から向き合うことが必要である。未来に津波の経験を言い伝えることの重要性。押し寄せる津波の中、住民の避難行動、生命の危機が迫る心理状態。開発しやすい扇状地に則した街づくり、それと共に発生しやすい大災害。異常潮位に対応する防潮堤と外的要因に対応する防波堤という、堤防の考え方、在り方。災害現場で聞いた齊藤さんの言葉は大きな警鐘として迫ってきた。

原発から学ぶ

　人にはコントロールできない物がある。この地球で人間は自然と共に生きていることを忘れていた。傲慢な人間がもたらす取り返しのつかない人災。それではすべてを失ってしまう。便利さや効率だけを追い掛ける世の中から目を覚ます時が来た。

「人間がコントロールでき、理解できうる科学」で進んでもらいたい。人間の歴史を振り返ってみると、人類はエネルギー問題について多くの争いを繰り返してきた。今でも戦争をしている地域がある。自然エネルギーを上手に取り入れて人類は進化していけないものだろうか。過去に2008年洞爺湖サミットにおいて環境問題をテーマに話された。いかに環境を崩さずにエネルギーを確保できるかと。時を同じくして2007年、私は北海道のある地域で商業施設の企画設計の仕事をしていた。企画提案だけで実現しなかったが、素人ながらエネルギーに関する書物をあさり、2千坪敷地の中で自然エネルギーを取り込んだ飲食店の企画を立てた。ここで使われるエネルギーを自然エネルギーに置き換えた時に全体エネルギーの23％を超えた自然エネルギーでまかなえる姿が見えた。その時点ではもちろん一部開発に20〜30年掛かりそうな項目もあった。ここで学び実感したことは、多くを原子力発電に頼ることのないエネルギーが存在するということだ。私は今でもその考えを変わりなく持ち続けている。その時の資料を下記に紹介する。16年前であるが、自然エネルギーを使って、商業施設を創ろうと科学雑誌や書物を集め企画に取り組んだ。少々古い資料ではあるがここで今一度エネルギーを再考するべきと提案をしておきたい。

2007年に、自然エネルギーを活用するレストランを計画した際の資料

建築における温室効果ガス抑制技術

エネルギー負荷の低減	断熱・気密	外断熱、ペアーガラス、二重サッシ（ダブルスキン）
	日射調整	塀、ルーバー、自動制御ブラインド、遮熱塗料、赤外線反射ガラス
	緑化	屋上緑化、蔓たな、壁面緑化（壁材、ネット）
	躯体蓄熱	ナイトパージ（夜間冷気導入）、躯体蓄熱、集冷
自然エネルギーの活用	太陽熱利用	パッシブソーラー（太陽熱温水器、太陽熱集熱器）
	太陽光利用	ソーラーパネル
	風力	風力発電
	自然採光	昼光導入
	自然通風	自然換気（エコシャフトなど）
	地熱利用	クールチューブ、地熱ヒートポンプ
	自然水利用	地下水利用（地下水ヒートポンプなど）、河川水利用、雪利用
エネルギーの効率化	コージェネレーション	天然ガス発電など
	水素利用	燃料電池など
	設備計画の最適化	中間期（春・秋）外気導入、氷蓄熱（夜間電力利用）、照明制御、LED
	耐久性向上	強度的耐久性、素材的耐久性、社会的耐久性
	既存ストックの活用	既存建築利用
建築面積の適正化	機能の再検討	経済合理性の再認識、ダウンサイジング規模を縮小すること コストダウンや効率化のために小型化すること

災害大国日本を生きるために

東北地方を襲った地震は、地震規模でいえば国内の観測史上最大級で、高さ40mを超えるような津波の到来は100年も記録を辿らなければ見つからないほどの、めったにないスケールの出来事になる。

しかし、同震度の地震はこの20年間で3度目であるし、7年前にも大規模な災害をもたらした地震が熊本で起こっている。さらに、地震以外の災害も各地で頻繁に発生するなど、日本はいつ災害に巻き込まれてもおかしくない災害大国なのだ。

したがって、日本で暮らしていくうえで災害に対する備えや対策は非常に重要なものであり、災害の経験をもとに設備や機能を整えることを日常的に考えなくてはならない。その意味で、私が直面した東日本大震災をめぐる様々な体験をもとに、施設の建設や街づくりなどを中心とした多方面にわたる申し出を、この場で示したいと思う。

教訓（来るべきことへの準備・訓練）

災害が起きる前に準備すべきこと

* 大震災は必ず起きると認識する
* 災害パターンに応じた判断と行動を事前にルール化し臨機応変に行動する
* 避難訓練の習慣を身につける。訓練以上のことはできない
* あらかじめ、建築物、交通、環境の安全を確認しておく

* 通信手段の方法や状況を事前に確認しいざという時の
  シミュレーションをしておく
* 安否確認やお互いの居場所の共有などルールの確認
* 非常持ち出し物資は常に出入口に準備しておく
* 非常食は3日〜7日分常備

震災が起きたらすべきこと・考えるべきこと

* 災害パターンに応じ臨機応変に行動する
* 周囲の建築物や交通や環境の安全を確認して居場所を
  確保し身を守ること
* 適宜インターネット（スマートフォン）も活用しなが
  ら、お互いの情報を共有して、状況把握を行う
* 遠距離基地緊急連絡網の準備やスマートフォンを活用
  して通信手段を確保する
* 近隣ネットワークや遠隔ネットワークを駆使して連
  絡・連携する
* 火気、水、電気、電池、ガソリンなど、ライフライン
  の確保
* 食の確保（賞味期限の過ぎたものについては自己責任
  で食べる）
* 仮設トイレ

災害対応携帯グッズ

　近いうちに必ず大地震が来ると心して生活すべきだ。
自分は関東圏に出張する時はいつでも以下のグッズを持
ち歩いている。
①携帯電話
　出張の時は100％充電。災害用伝言ダイヤル。LINE
（家族・職場）
②充電器

充電器、充電コード

③手ぬぐい2〜3本（ハンカチよりも役に立つ）

手ぬぐい、顔頭を防ぐほっかぶり、繋ぐとロープの代わり、マスク、包帯

④ホイッスル

小さくても可。高音タイプ。緊急時に笛を吹き場所を知らせる

⑤非常食

袋菓子ナッツ類、カロリーメイト系（チョコレートは溶ける）

⑥水

ペットボトルまたは水筒

⑦ビニール袋（2〜3袋）

物入れ、スリッパ代用、革靴一時的防水

⑧家庭用大型ごみ袋

（加工次第で）合羽に、防寒服、防雨グッズ

⑨時に携帯小型ラジオ

情報収集。ヘッドライト、ラジオ、緊急信号、手回し充電など機能が一つになった携帯ラジオ

⑩安全ピン

5〜10個

⑪バンドエイド

傷口に使用、粘着テープとして代用

⑫ポケットティッシュ

⑬新聞紙

1枚でも可

時にはマルチナイフ（多機能セット携帯グッズ）

とりあえずこれだけあれば、一時的に命を守れるだろう。カバンに入れても重さは1kg弱（ペットボトルを含

めないで）。体積はお弁当箱2箱程度。参考にしていただけたらと願う。

　また、普段の生活の中では、ガソリンはいつでも6割以上にしている。

　自宅と職場には非常食と災害対応グッズを常備している。水は絶対に大切だ。

　東日本大震災と1か月後の余震、10年後の今回も震度6強を3回体験した。忘れたころに、気の緩んだ時に来る地震。油断大敵であることを強く実感した。

追記

＊民間の自主行動
＊平等は大切だが、行政は、それ以上に「一人でも多くの人を救う」という意識を持つ
＊災害パターンによる行動や商業活動を記録として残す
＊口頭伝承、記念碑、祭りなどで、災害の記憶を繋ぎ、後世へ残す

商業施設の役割

　生活者に一番近いところに位置する商業施設は避難所として非常物資の備蓄やコミュニティー機能を持つ施設である。施設の安全はもちろん、避難者被災者に対応できる機能を、きちんと理解する設計施工が望ましい。顔が見える安否確認、情報収集の場として重要な位置にある。買い物だけではなく商業施設は生活者と社会とを結びつける場として大きな役割を担うと考える。

ショッピングセンターへの提案

　衣食住に必要なものが揃っており、広い駐車場があり、多くの人が集まれる。そのような中で行政の出先機関機能、診療施設を含めた市民の避難施設機能を持つべきである。非常時には施設の一部に、医療室、行政の窓口、安否確認伝言スペースを設けること。商圏人口の5％が避難できうる共通スペースの確保及び申請の義務。安否確認登録システム。バッテリー及び発電機の設置。避難者へ緊急食糧や生理用品、水の提供ができるシステムの確立（行政保障）。ATM、仮設トイレ、仮設テントの設置義務を提案する。

スーパーマーケットへの提案

　生活者にとっては日常生活の中でよく利用する、身近な商業施設である。そのような中で安否確認伝言スペースや安否確認登録システムを確立する。バッテリー及び発電機の設置。避難者へ緊急食糧や生理用品、水の提供ができるシステムの確立（行政保障）。ATM、仮設トイレの設置義務など。生活者に一番近く、日常食品を扱っている施設なので、行政に代わって緊急食糧を提供する支援活動及び精算システムを、ショッピングセンターと共に構築・確立することを提案する。

コンビニエンスストアーへの提案

　全国に出店している商業施設であり、主に半径500m商圏を網羅し日常生活と共にある。そのような中で構築された商業施設のネットワークの活用は大きな力となる

はずである。ポスシステムには緊急時に行政と繋がる安否確認情報及び登録システムを加える。バッテリー及び発電機の設置。ATM、仮設トイレの設置義務。避難者へ緊急食糧や生理用品、水の提供ができるシステムの確立（行政保障）を提案する。

専門店、個店への提案

　生活者近隣情報の集積機能、交流機能、精神ケアーの場とする。

　商業施設の役割は非常時への対応という徹底した役割を義務づけるべきである。

　衣食住、生活用品を扱う商店は、非常用物資を提供するべきだ。特に携帯食、菓子、ベビー用品、生理用品、水、エネルギー（電池、ガス、ガソリン、灯油、ローソク）など。

行政への提案

　緊急時、生活者は役所に対し、当たり前のようにいろいろなことをしてくれるものだと、様々なことを投げ掛けてくる。それに応えるためにも事前に民間の手を借りた役割を構築しておく必要がある。政府はマイナンバー制度を進めている。安否確認や被災情報や避難先情報などマイナンバーカードを活用する案が浮上している。緊急時、民間のポスシステムなど、互換性を持てるソフトでのネットワークの活用も必要ではないか。災害や被災者の対応として、役所、民間、ボランティア、商業施設の役割を事前に組織化しネットワークを構築しておくこと。復旧復興においては被災時における仮設店舗立地場

所の事前検討及び確保。商業施設の復興において商業施設を知る専門士を軸にプロジェクトチームを組んで進めるべきである。そのために商業施設復興事業におけるプロフェッショナルバンクの開設及び登録。そのうえでは登録者に定期的な事前教育が必須。専門士である商業施設士はそれぞれ多岐にわたる分野で活躍している。登録項目に年度ごとに業務実績報告を義務化し、災害時にはどの商業施設士が最適か把握しておく。それと同時に担当者の背景にどのような人材が繋がっているかネットワークも把握しておくべきであろう。

復興市ブースの提案

「市」は伝統的な商業活動である。定期的に1か所に集まりいろいろなものを各地から持ち寄り物々交換や売買を行ってきた。物を手に入れるだけではなく、遠くの地域の情報を得るところでもあった。祭りの要素も大きく、人を集めるうえでこのうえない活動であった。現在も各地にその存在を見掛けられるということは、意味のあることである。

　買い物だけではない。大きな不安を抱えた被災者は誰かと会話をしたい。そんな心のケアーの役割を持つ場にも感じた。人が集まる姿や求める心に被災の大きさや、人と人との絆を強く感じる。非常時であるにも拘らず人が集まるところに行政のブースが見当たらない。民間と行政が一体になるブースの必要を感じる。復興市には被災者を勇気づけるエネルギーがある。実際に開催された各地の復興市を視察した、その内容を図にした。さらに復興市に必要なブースの提案を表にした。いざという時はこの内容を参考に「市」を開催していただきたい。

買い物だけではない、行政も加わった『市』でありたい。具体的には、安否確認コーナーや被災情報交換コーナーが必要であろう。商業施設復旧復興情報も掲示またはメモ的な印刷物配布もあるとよい。まちづくり、地域づくりに必要な市民の意見コーナー、提案コーナーといったコミュニケーションコーナーも開設すべきだ。ボランティアコーナーを設け依頼者と希望者を繋ぐ役割もできる。被災者の雇用促進も大切である。また相談コーナーとして各出先機関や生活に密着した相談ができる機関や企業のブースも必要である。役所、税務署、ハローワーク、保険会社など。

開催において重要なのは場所とそれに見合ったスペース、設備。イベントサイズによる収容人数の予測、トイレの数、駐車場スペースの確保。体験した事例から割り出した提案としては例えば以下である。

10張り500人、駐車場280坪（48台）、トイレ2ブース。
20張り1,000人、駐車場540坪（90台）、トイレ3ブース。
30張り1,800人、駐車場900坪（150台）、トイレ4ブース。
40張り3,000人、駐車場1,500坪（270台）、トイレ6ブース。
50張り5,000人、駐車場2,500坪（420台）、トイレ8ブース。

ここで予測される数字を記したが実際に開催された市を見ると、初回3,000人、2回目5,000人と来店客数は1.5倍を超えることはありうる。さらに目を向けなければいけないことは会場までの移動手段や周辺交通状況である。シャトルバス対応も検討項目である。是非参考にしていただきたい。

復興市のブース提案と実際行われた市の内容

復興市提案資料

実施内容

ブースの提案		ゆりあげ港朝市 4月24日	南三陸福興市 4月30日	登米市復興市 6月12日	おながわ復幸祭 5月4日
食料品	八百屋	○	○	○	○
	魚屋	○	○	○	○
	漬物	○	○	○	○
	乾物屋	○	○	○	○
	調味料	○	○	○	○
	豆腐屋	○			
嗜好品	袋菓子	○	○	○	○
	ペットボトル類	○	○	○	○
	喫茶	○	○	○	
和菓子屋	大福系他	○	○	○	
	餅系	○	○	○	○
軽食	焼きそば	○	○	○	○
	うどんそば	○	○	○	
生活雑貨	荒物屋	○			
	花屋	○			○
イベント	サービス券		地域振興券	地域振興券	
	音楽	○			○
	大道芸他	○	○	○	○
トイレ	仮設トイレ	10ブース	4ブース＋施設	施設内	5ブース
交通機関	駐車場	450台	約60台	約60台	100〜130台
	ピストン送迎		送迎	送迎	
ボランティア	支援物資コーナー	服・菓子・絵本	服・菓子	服・菓子・絵本	服
	依頼者・希望者				
相談コーナー 出先機関	役所（教育・生活・他）				
	税務署				
	銀行				
	保険会社				
	被災者雇用促進コーナー	○ ボランティア		○ ボランティア	○
被災情報 及び調査	安否確認コーナー	○			
	被災情報交換コーナー				
	津波映像	○			
町づくり 地域づくり	市民意見コーナー		○		
	市民提案コーナー		○		
特技バンク	床屋				
	自転車屋				
	建築系	住宅会社 10月より出展			
	便利屋他				
健康コーナー	手もみ	○			
	整体他				○
	医療相談				

＊ブース提案は4月24日のゆりあげ港朝市を取材して、必要項目をあげた。
＊○印は実施されていた項目。

被災者が求める物資と、被災者の精神状態の変遷

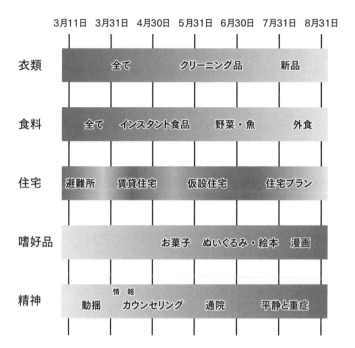

ゆりあげ港朝市ボランティアの体験をもとに著者作成

震災の4月ごろであったろうか、娘の勤め先事務所に著名な音楽関係の方々が集めてくれたという子供服が知り合いのMさんを通じて、マイクロバス1台分の段ボール箱に詰められて届いた。届け先の会社スタッフと数回、被災地に出向き子供服支援物資を運んだ。4月後半からは路上に面する私の会社で預かり、部屋を開放し行き交う人に声を掛け支援物資の提供を行った。並行して5月からはゆりあげ港朝市にブースをお借りして毎週日曜日早朝から朝市に並べた。まだ暗い早朝6時前から朝市には多くの方たちが支援物資や食料などを求めて集まってきていた。懐中電灯の明かりで子供服を探していた。薄明るくなってからはさらに多くの方々が集まり支援物資を求めていた。支援物資提供のボランティアに携わる間、被災者が求めた物資や心理的変化の観察ができた。その内容を8月末まで時系列にまとめてみた。被災者は震災直後からどのような物を求めて、日々をどのように過ごしてきたかその姿は明らかに浮き出された。そのような光景を目の当たりにし観察できたことを図（P133参照）と文章にまとめた。

衣類

　震災直後は、サイズが合わなくても染みがあってもほころんでいても、すべてが飛ぶようになくなっていった。震災2か月後くらいからは、クリーニングされているのを確認したり、汚れを気にしながら持ち帰っていた。8月ごろまでには子供服の8割は提供できた。そのころからだんだん古着から新品を求めるようになった。

　すべてを津波で流された直後はどのような物でもよかった。被災後1週間はとにかく寒い、寒い日々だった。事務所にいた私に明日までに何でもよいから準備して、

と着られなくなったセーターなどを集めて被災者に届け
ていた元スタッフを思い出す。

食料

　口に入れられる物はすべて求められた。とにかく何で
もよかった。台所が修繕できるまでだろうか、並べたイ
ンスタント食品が飛ぶようになくなっていった。5月後
半ごろからは野菜や魚など調理が必要な食品が出回るよ
うになった。このころから少しずつ食材が揃い始めてき
た。周りではまだまだ飲食店の再開は滞っていて、とこ
ろどころである。8月初めごろになって、心に余裕がで
き始めてきたのか、家族で外食をする姿が見られるよう
になった。混乱時期に見られた賞味期限を思い出す。被
災者は目の前にある物はすべて気にせずに食べた。役所
に支援物資として届けられた食品に賞味期限切れがある。
役所は被災者に提供できないというそれを、民間が預か
り民間の手で被災者に配った。

住宅

　避難所生活が続いている。いろいろなトラブルの話が
聞こえた。3月中ごろからどのような古いアパートでも
少々壊れた住宅でも探し求め、賃貸契約が進んでいった。
4月後半からやっと仮設住宅が出来上がってきていた。
優先や抽選などを繰り返しながら仮設住宅の生活が始
まった。当時、仮設住宅では次のような出来事が起きて
いた。N市に仮設住宅で生活している人たちに届けてく
れと支援物資、ミニ掃除機が届いた。仮設住宅の戸数に
数個足りないと役所は配れないでいた。それを聞いた民
間ボランティアは「俺たちが届ける」と500個のミニ掃
除機を車に積み配り回った。ミニヘッドライトを目の前

の被災者に配ろうとしたが、数が足りない。商品を見せておきながら結局、その場をスルーし少人数が寄り添っている場所に運ばれた。平等という罪、首をかしげる出来事だった。7月中ごろから、朝市のブースに住宅関連の建築会社がテーブルを並べるようになってきた。住宅プランが始まった、建築着工が見掛けられたのは10月後半。そのころには建築資材は品不足で高騰している。まだまだ復旧工事が行われている中で職人は全く足りない状態であった。

嗜好品

　興味深かったのは4月末まで嗜好品に見向きもしなかったことだった。できなかったと言ってもよいかもしれない。被災者は目の前のことで精いっぱいである。やっと口にできるお菓子は少しだけ人々の笑顔を取り戻してくれた。子供ながらも、お菓子が食べたいと口にできず、我慢している姿が見受けられた。5月ごろから、ぬいぐるみが市のブースに並んでいるのが見られたが、子供たちが手に取り始めたのは6月になってからである。抱きしめる子供の姿に少々、涙した。7月初めごろから支援物資の絵本や自宅にあった絵本などを持ち出しブースに並べた。お母さんが絵本を手に取り子供に話し掛けていた。8月ごろからだろうか、漫画に手を伸ばし始めたのは。最初は遠慮がち、周りの目を気にしながら求めていた。6月ごろから支援物資の一部に10円、50円と値を付け、隣に「寄付を受け付ます」という文字と募金箱を設置した。被災者が被災者に支援する形で募金を募り支援団体に届けた。「みんな大変な思いをしているからなあ、これでいいかい」と千円渡してくれた。

精神

　決して見逃してはならないのが心のケアーである。被災者はもちろん「市」に集まるすべての人々は動揺していた。落ち着かない心の内が至るところで見受けられた。5月から朝市に参加しての出来事。初めは全く無言で支援物資を求めていた。本当に全く無言である。会話ができるようになったのは朝市に参加した6月初めくらいからだったろうか。顔なじみもでき話し掛けてくるようになった。とにかく誰かと話したい、伝えたい、体験した出来事を吐き出したい、そのような思いが伝わってくる。聞いてもらえるだけで心が軽くなっているようだ。

　ある日の出来事、友達との再会だろうか、遠くから聞こえる大きな声で甲氏、言葉にならない言葉で「おう、生ぎでだが」。出店者乙氏「おう、おまえも生ぎでだが」。甲氏「生ぎでだ！　みんな大丈夫が？　息子いだよな、大きくなったが」。乙氏「ああっつ大きくなったけど、ふたりとも波に呑まれて死んじまった」お互い笑いながら叫んでいた。

　この会話はいまだに耳から離れない。人々の、とにかく心の内を吐き出したいという思いが表情より伝わってきた。6月ごろから病院へ通っているという話が聞こえてくるようになった（ニュースや知り合える人たちからの情報）。震災直後は動揺のみ。地震当日の行動や被災状況と安否確認の話が中心である。4月下旬ごろから、ちらほらと自分の心の内を話す人たちが出てきたように思う。7月ごろには平静を保てる人と、いまだに興奮している人、自分の心の置きどころがわからない人などに分かれつつあった。心のあり様や行動はこちらからでも目ではっきりとらえられる。その時の精神状態が12年

経った今も消えないでいる人たちが多くいる。フラッシュバックが続いている、小さな地震でも過敏に反応する、いまだに海沿いに行けない、一人で外出ができない、夜になると不安が募るなど。そのような人たちを見ていて辛いのは、自分の心を人に悟られないように生活していることである。

復興の現実

　2015年9月の段階では東日本大震災発生後4年5か月経過。被災地商業施設の状態は。復興状況はいかに。

　大手ショッピングセンターなどは2011年末にはほぼ営業再開した。しかしながらその内容は仮営業あり、再開できないテナントありで営業内容は震災前の8〜9割といったところである。商店街においては先が見え始めた女川、岩沼以外は一向に進まぬ状況にある。

　個店の状況はというと弊社のお客様を事例とするに被災店舗数60件中12店舗再開、いまだ2割に過ぎない。

　なぜ再開が進まないのか。現場の課題は被災内容や個々の環境や経営者個々の生活状況により、それぞれの形で苛立ちを感じる状態にある。

　被災地にて震災後の経過観察及び昨年11月に商業施設を視察した。それから10か月経過にしてもいまだに進まぬ商業施設復興の課題、再開した商業施設の今後予測される課題。営業の成立、検討をしないまま建てられた仮設商店街の課題はそろそろ表に出始める状況にある。3県にまたがり沿岸ではT.P.7mの長大な堤防の土木事業が続いている。それに対する某国会議員からの回答「国土を守る、国民の生命を守るため」とは、いかなることか。各被災地での土木事業。膨大な税金を投与する工事

に必要か否か疑問が投げ掛けられる。その隣に位置し、再開しようとまちづくり計画が進む。疑問視する過大な問題は山積みのまま、被災地は時が経過している。

2019年、震災後8年経った段階では復興は進んでいたところといまだ進まずのところあり。その内容は補助金を頼りに少し背伸びしたような箇所を感じるところもある。だが、それを越えて未来を真剣に描く姿も多く見られた。

それぞれの地には長い歴史と共に大切にしてきた地域の財産があったはず。復興にはそれを感じさせるものが少ないように思える。各地同じような建築デザインで復興されている。本来、商業施設は個性溢れた「もの」や「こと」が飛び交い交差し、人々が集う明るく楽しいところではなかったろうか。生活者や観光客はそのような商業施設に出掛けるものである。これから来る人口減少の流れの中で、住民と来訪者との繋がりを大切にし、将来の可能性を考えた街づくりをしなければなるまい。震災特需はとうに終えたものの、マスコミから忘れられないうちに、地域性を活かした商品やイベントなどを行い、ここでなければいけないと言い聞かせる商業施設にしなければなるまい。

復興とは何か、商業施設とは何か

福島はなぜ復興が進まないのか。原発の恐ろしさがそこにある。福島県内はいまだ風評被害に悩まされている。再生は不可能だろうと思われる商業地域は多数ある。宮城県や岩手県は観光を組み合わせた活気ある復興の道が見出せる。しかし原発被害を受けている地での商業施設の多くは、帰還した人々が生活するという目的だけの商

業施設にとどまりはしないか。

　避難困難地域、居住制限地域、避難指示解除準備区域と分けて再建を進めているが、あと30年は戻れないとする情報もあり、全く先の見えない状況下にある。本当に復興は可能なのか。正しい情報とは何か、情報の必要性、役割、重要性そして報道の在り方に対しどう対処すべきか。私たち商業施設に携わるものはそこに何かを提言して行動しなければならない。そんな使命を感じる。

　商業施設は、復興したと思われる一時的な話題での賑わいで終わってしまうことを真に恐れねばならない。復興した商業施設とは人との繋がりや交わりを持ってこそ一人ではないという安心感のもとに暮らせる施設である。私たちの生活、すべてに関わっているのである。「復興する」とはどういうことか。被災者の復興への意見はそれぞれ大きく違う。それはそれぞれに正しい意見でもある。商業施設の再生においては、私たちが経験してきた豊富な知識や技術を発揮しなければ未来ある復興にはならないと提言したい。消費者である住民と商業者やその団体など商業施設士プロを交え、行政と三位一体で考え進めるべきである。

　復興とは、ただ再開を願うだけではない。人々はこの地と定め、自然の厳しさの中で自然という「恵み多き財産」と共にこれまで長い歴史を刻んできた。被災者はこの歴史を他の地に移して繋ぐべきか、新しい歴史を作るべきか、再びこの地で歴史をどう残すべきか、被災したこの地をどう生まれ変わらせ活かすべきか。短時間で判断するものではない。時間を掛けて築き上げ続けるものである。これまでの歴史と今回の震災復興、そしてこれからの未来を背負って生きていかねばならない。その覚

悟を子供たちや若者たちに託す。私たちはいつでも自然と共に生きていることを忘れてはいけない。自然に逆らわず自然と共に歴史を繋ぐ復興であってほしいと願う。

　私たちは、災害の多い日本に住んでいる。今後、間違いなく関東圏や西日本に来る大震災。決して他人事ではない。地震は間違いなく繰り返し来る。地震国日本に住んでいる以上、私たちは地震を恐れるだけでなく自然災害と共にどう生きるか。自然を変えるのではなく自然を「往なし」ながら災害を減らし、生きていくすべを身につけることが必要だ。

　復興とは何か、ここに子供たちが表現した言葉を借りて伝えたい。

『女川は流されたのではない　新しい女川に生まれ変わるんだ　人々は負けずに待ち続ける　新しい女川に住む喜びを感じるために』─佐藤柚希さん（当時中学1年生）
『復興は形を元に戻すのではない。皆の笑顔が見えること』─福島の小学生

　復興は短時間で判断するものではない。時間を掛けて築き上げ続けるものである。これまでの歴史と震災復興とこれからの未来を背負って生きていかねばならない。その覚悟が子供たちや若者から感じられた。

　最後に、東日本大震災より12年が経つ。全国各地で微震から震度4クラスの地震が相次いで起きている。南海トラフ地震もささやかれており、大きい地震が来る前ぶれなのかもしれないと感じている。政府の地震調査委員会は国内で可能性のある地震の発生率を公表（2022年1月1日現在）している。南海トラフは今後40年以内

でマグニチュード8〜9級の地震が発生する確率は「90％」と予測している。30年以内では「70〜80％」。10年以内では「30％程度」の発生確率と報じている。

東日本大震災を経験して、当時の状況や出来事、復興へ向けた市の催しの記録と体験、商業施設復旧復興への実体験。ボランティア活動を通じて現場で見えてきたもの。商業施設の企画や設計、研究や施工に携わるお仲間、全国から参加された人たちと実施した「東日本大震災被災地商業施設視察研修」。岩手県南部から宮城県、福島県と3回の商業施設視察研修における参加各者のレポート報告がある。1回目、2回目は被災状況、3回目は復興状況の進みを確認すべく1回目と同じルートで研修に及んだものだ。

ニュースで放送される地震情報を耳にするたびに、早くこの手元にある資料や体験を皆に知らせたい、伝えたいと思う心が執筆へ向かわせた。体験に基づいたこの資料は何か参考になるのではないだろうか。役立てられないだろうかと心は大きくかきたてられた。機関誌への投稿原稿や学会で発表したレポートなどをもとに本にまとめて伝えようと。本来ならば福島県の復興が進んでいる状況を視察し確認してから報告していきたいと思っていたのだが復興の遅れはこれからも続くようだ。まずはこれまでの事柄を本にまとめることにした。

ここに登場していただいた皆様、インタビューにお答えいただいた皆様、視察研修にご参加いただいた皆様、さらにレポートを提供してくださった方々に深く、深く感謝の意をお伝えいたします。私たちが経験した事柄を記録に残し多くの方々に伝え続けること。これからも皆様と一緒に進んでいきたいと思います。文章を書くのが

苦手でものづくりや絵を描く仕事に就いた私。下手な私
の執筆を支えてくださった並木楓様、また多くの時間を
お譲りいただき支えてくださった皆様に深く感謝申しあ
げます。

各資料・データ

　東日本大震災における災害公営住宅整備は2014年12月末時点で16％の進捗率。2015年1月31日時点では17.4％の進捗率という情報もある。被災者はいまだ仮設住宅、仮設店舗と過酷な状況に置かれている。現地ではいろんな意見が交差しながら、進み始めた地区といまだ進まぬ地区を目の当たりにした。

津波災害：
東北東沿岸地区、想像を大きく超えた災害、津波の高さ（遡上高さ）43.3m、波40t/㎡の圧力、建築の浮力による倒壊など想像もつかない災害が起きた。各地の津波災害において避難行動は過去の避難訓練や情報を全く活かすことができず、遺憾ながら多くの犠牲者を出してしまった。犠牲者その数、警視庁は2015年2月10日付、死者は15,890人、重軽傷者は6,152人、警察に届出があった行方不明者は2,590人と発表している（未確認情報・余震被害を含む）。大半が津波による犠牲者である。

原発災害：
福島における避難者数は2012年2月9日時点で97,285人、2015年2月12日は72,790人。その時点では先の見通しが立たない、全く状況の変わらない日々を過ごしていた。復興庁発表2015年2月12日時点、東北6県合計避難者数183,239人。47都道府県1,162の市区町村に所在。

2015年10月、被災地視察研修時期の現状の各データ：
　今回東日本大震災は津波による倒壊も合わせて農林水産省統計で全半壊数は401,306戸と公式発表されている。

震災は地震災害、津波災害、原発災害と各被災地は全く
性格の違う災害を経験した。

福島復興ステーションによると原発災害を受けた当時、
再開できない地域は楢葉町7,676人、富岡町15,959人、
大熊町11,570人、双葉町6,891人、浪江町20,854人、南
相馬市南部小高区12,842人、原町区11,396人に及ぶ。そ
の被災者合計人口は94,864人。

震災の年、原発被害地12行政区内の2月の人口は合計
209,754人。2016年時点の避難者数は83,515人でその人
口の39.8％に及ぶデータもある。

視察研修時における放射線量の算出：

公開されている福島県放射能測定マップを活用し第2
回福島の視察研修における視察先線量（2015年9月16日）
を計算し予測した。

仙台駅：〜0.04μSv/h、亘理：〜0.06μSv/h、鹿島昼食地：
〜0.25μSv/h、南相馬：〜0.25μSv/h、浪江役場：〜
0.50μSv/h、浪江請戸：〜0.50μSv/h、双葉町6号線南北
移動（約7km、車移動10分前後）：5.01〜μSv/h、Jヴィ
レッジ：〜0.25μSv/h、いわき市泉町：〜0.25μSv/h、い
わき市湯元：〜0.25μSv/h、二本松市：〜0.50μSv/h、岳
温泉：〜0.25μSv/h、福島市：〜0.25μSv/h、東京：〜
0.05μSv/h

視察参加者は自己責任で参加することを条件にした数
値である。

2020年時点の状況：

自立への活動支援として、中小企業基盤整備機構は、
東北3県の地域産品を対象とした復興支援販売会「みち
のく　いいもん　うまいもん」を開催する。下郷ポイン

ト77会社参加。3〜4億事業。陸前高田土木事業予算700億円を掛けたが現在の活用は3割で、7割が使用未定。現在山形県にて原発避難者は1,792人。その内子供就学世帯の40％は山形県定住希望。福島県は原発風評にて補償金を終えても風評被害は残ると不安。まだまだ支援が必要と求めている。元々厳しい中での原発問題。福島の食材5割は食べる。他は食べない、行かない。宮城県は仮設住宅入居者53,000人。現在は72人入居。その内気仙沼の方が45人いる。他にみなし仮設住宅入居者98人。

人口状況

（人）

県	市、町	震災前	2020年
岩手県		1,330,147	1,206,441
宮城県		2,348,165	2,269,042
	登米市	83,969	76,037
	南三陸町	17,666	12,426
	石巻市	162,822	140,824
	気仙沼市	74,247	61,147
	女川町	10,016	6,232
福島県		2,029,064	1,873,538

気仙沼市鹿折地区2,148人／2019年8月で気仙沼市地区13％減、唐桑町地区18％減。

名取市閖上と陸前高田市のさらに詳細な人口推移　　（人）

	2011年2月	2011年12月	2015年12月	2020年12月	2022年12月
名取市閖上	7,103	3,527	2,060	3,028	3,090
陸前高田市	24,246	21,131	20,199	18,635	17967

参考資料一覧：

＊警察庁HP：犠牲者数、警視庁HP：2015年2月10日付
　の被害状況

＊復興庁HP：2015年2月12日現在の避難者数、2012年2
　月15日・2015年2月27日時点の全国避難などの人数

公共インフラの本格復旧・復興の進捗状況（2014年12
月末時点）

＊福島復興ステーションHP：原発災害を受けた当時と
　2016年現在避難者数

＊農林水産省HP統計

＊毎日新聞2014年9月14日・2015年8月24日

＊イオンスーパーセンター(株) 2014年6月16日NEWS
　RELEASE

＊独立行政法人中小企業基盤整備機構　東日本大震災に
　関する中小企業支援策

＊福島県放射能測定マップ

＊宮城県HP：仮設住宅入居者数

＊人口状況：2010年、2020年各行政HP(陸前高田市、名
　取市、女川町、気仙沼市、登米市、南三陸町、石巻市、
　女川町)

〈著者紹介〉

飯塚康司　（いいづか やすし）

経歴

1953年12月23日生まれ　宮城県栗原郡瀬峰町大里字泉谷26(現：栗原市)

最終学歴：1973年3月　宮城県立田尻高等学校卒業

1975年3月　仙台デザイン専門学院卒業

1975年4月　株式会社インテルナ創美入社

1981年6月　創業、フリーのインテリアデザイナーとして独立

1986年11月　株式会社アーティスティック集団設立

1991年4月　日本ビジネス専門学校仙台校非常勤講師　1993年3月まで

1991年4月　仙台デザイン専門学校非常勤講師　2011年3月まで

2003年　商業活性化シニアアドバイザー（中小企業総合事業団）

2007年　法務省仙台矯正管区・商品開発コンクール審査員（現在に至る）

2010年　中心市街地商業活性化アドバイザー〈商店街〉・商業活性化アドバイザー（独立行政法人中小企業基盤整備機構）

2014年　震災復興支援アドバイザー（独立行政法人中小企業基盤整備機構）

2016年　復興支援アドバイザー（独立行政法人中小企業基盤整備機構）

2022年　中小企業アドバイザー〈復興支援〉（独立行政法人中小企業基盤整備機構）

資格

マイスター商業施設士（公益社団法人商業施設団体連合会）

商業施設活性化アドバイザー・インテリアプランナー・福祉住環境コーディネーター

ガーディニングコーディネーター・北海道観光マスター・動物葬祭ディレクター

普通自動車免許・大型二輪免許・重機免許・溶接免許・4級小型船舶操縦士

所属

公益社団法人商業施設団体連合会

　活動：東北地区商業施設士補、講習講師・資格試験、講習講師

一般社団法人　日本商業施設士会

　活動：理事・東北支部長・東日本大震災被災地商業施設視察研修、他

日本商業施設学会（発起人メンバー）

　活動：定期、学会発表・第8回全国大会学会賞、学会会員26年7月現在　会員100人

構成員：大学教員及び専門学校教員（計60％）、商業施設士、他

実績
全国39都道府県において、延べ2000件を超える商業施設の物件に携わる。
物販店は55％、飲食店30％、サービス業15％。
主に製菓製パン業、物産館、専門店飲食、新規事業企画提案。
復興支援アドバイザーにおいてはアドバイス延べ100件を超える。
オブジェ製作、パッケージデザインなども手掛ける。
＊株式会社アーティスティック集団は、「よりよい空間創り」をモットーに人
　と人との結びつき、心の安らぎ、うるおいを感じられる「もの・こと」を
　お客様と共に創り上げる、型破りな発想を持つデザイナー集合体です。
　そのようにうたいながら里山に「あかりテラス」施設を構え、商業施設の
　企画設計デザインはもちろんオブジェ製作と並行に新規事業ペット関連
　を含め営んでいる。

商業施設士が見た東日本大震災
―現場から、未来へ

2023年12月23日　第1刷発行

著　者　　飯塚康司
発行人　　久保田貴幸

発行元　　株式会社 幻冬舎メディアコンサルティング
　　　　　〒151-0051　東京都渋谷区千駄ヶ谷4-9-7
　　　　　電話　03-5411-6440（編集）

発売元　　株式会社 幻冬舎
　　　　　〒151-0051　東京都渋谷区千駄ヶ谷4-9-7
　　　　　電話　03-5411-6222（営業）

印刷・製本　中央精版印刷株式会社
装　丁　　弓田和則
本文デザイン　荒木香樹

検印廃止
©YASUSHI IIZUKA, GENTOSHA MEDIA CONSULTING 2023
Printed in Japan
ISBN 978-4-344-94583-8 C0036
幻冬舎メディアコンサルティングHP
https://www.gentosha-mc.com/

※落丁本、乱丁本は購入書店を明記のうえ、小社宛にお送りください。送料小社負担にてお取替えいたします。
※本書の一部あるいは全部を、著作者の承諾を得ずに無断で複写・複製することは禁じられています。
定価はカバーに表示してあります。